미래 언어가
온다

AI가 인간의 말을 지배하는 특이점의 세상

미래 언어가 온다

조지은 지음

미래의창

미래 언어, 답은 인간에게 있다

대학에서 언어학을 공부할 때, 나는 인간 언어가 '인간만의, 인간에 의한, 인간을 위한' 언어라고 배웠다. 어떤 동물도 인간의 언어와 같은 소통의 체계, 무한한 생성 시스템을 갖고 있지 않다고 배웠다. 2022년 11월 30일까지 우리는 그렇게 믿었다. 생성형 인공지능, 챗GPT가 나오기 전까지 말이다.

사실 인간 언어의 대부분은 관습과 패턴을 따른다. 우리의 언어는 무수한 패턴 학습의 결과다. 갓난아기가 말을 배우는 과정을 생각해보라. 하루 종일 들려오는 말을 그대로 따라 하는 것이 바로 패턴 학습이다. 그런데 인간이 구사하는 거의 모든 글과 말을 모아놓은 천문학적 데이터베이스인 거대언어모델Large Language Model의 새로운 인공지능은 갓난아기에서 성인으로 순식간에 성장했다. 언어가 패턴학습의 결과라고 할 때, 인공지능은 바로 패턴학습의 천재이기 때문이다.

처음에 텍스트 기반으로 시작한 인공지능은 이제 듣기와 말하기까지 섭렵하는 중이다. 말을 하려면 '음성'이 필요하다. 이 부분도 인공지능은 해결했다. 사람의 목소리를 익혀서 이를 따라 하기 시작한 것이다. 여기서 문제는 '누구'의 목소리를 따라 할 것인가이다. 사람마다 홍채와 지문이 다르듯, 사람마다 목소리가 다르기 때문이다. 누구의 목소리를 학습할 것인가? 누가 인공지능에게 자기의 목소리를 학습시킬 것인가? 미국의 유명 배우이자 영화《허Her》에서 인공지능 사만다의 목소리를 연기한 스칼렛 요한슨Scarlett Johansson은 자신의 목소리를 쓰지 말 것을 공개적으로 요청했다. 페이크 보이스, 가짜 목소리 혹은 인공지능에 의한 합성 목소리에 인간은 어떻게 반응할까?

언어는 인공지능이 가장 빠르게 진화하는 분야다. 특히 번역과 실시간 통역 능력은 일취월장하여 현재 대학에서는 외국어학과 폐지를 논의하는 단계에 들어섰다. 번역과 통역 일을 하는 사람들은 일자리를 위협받고 있다. 카피라이터와 드라마 작가, 영화 대본을 쓰는 사람들 모두 인공지능 작가들과 경쟁해야 하는 처지에 놓였다. 인간만이 가능한 창작의 영역이라고 여겼던 '글쓰기'에서도 인공지능은 두각을 나타낸다.

이제 인간에게 고유한 언어라는 것이 가능할까?

인공지능과 인간의 말을 구분하는 것이 가능할까?

어린아이가 인공지능과 대화하며 말을 배울 수 있을까?

인공지능 번역기가 있는데 굳이 외국어를 배워야 할까?

인공지능이 언어의 국경을 없애지 않을까?

우리는 새로운 질문에 맞닥뜨렸다. 하지만 어쩌면 이 질문은 아주 오래된 것일 수도 있다.

성경의 창세기를 보면 바벨탑 이전에 인류는 하나의 언어로 소통했다고 나온다. 인류는 하나의 언어로 소통하며 이를 통해 세계를 지배하려는 의도도 있었다. 하늘을 찌를 듯이 높이 올라간 바벨탑은 이런 인간의 열망을 담은 것이었다. 하지만 인간의 오만함은 신의 노여움을 샀고 인간의 언어를 각기 다르게 만들어 소통에 대혼란을 일으킴으로써 바벨탑은 완성되지 못했다.

19세기 들어 새로운 바벨탑에 도전한 사례가 있었다. 1887년 폴란드계 유대인 안과의사 루드비크 라자루스 자멘호프 Ludwig Lazarus Zamenhof 박사가 시작한 에스페란토Esperanto 운동이 바로 그것이다. 다양한 언어가 혼재한 폴란드 비아위스토크 Białystok에서 자라며 언어 차이가 사회적 갈등을 초래하는 것을 목격한 자멘호프 박사는 누구나 쉽게 배울 수 있는 보편적 제2 언어를 개발하고자 했다. 그러나 에스페란토는 인공적인 언어 였기에 정서적 유대감을 제공하지 못했고 결국 세계 공용어로 발전하지 못했다.

인공언어인 에스페란토와 달리, 인공지능은 인간이 하는 말과 글을 그대로 따라 하므로 인간과 비슷한 언어 구사 능력 을 갖췄다. 이 능력은 나날이 발전 중이다. 그렇다면 앞으로 인 간의 말과 인공지능의 말을 어떻게 구분해낼 수 있을까?

어쩌면 인간 말의 불완전성이 그 열쇠가 될 수도 있을 것이 다. 인간은 말을 하며 실수를 하지만 인공지능은 그렇지 않을 것이기 때문이다. 버벅대기, 뜸 들이기, 더듬거리기, 소리 지르 거나 침묵하는 감정 표현, 음성의 높낮이 등을 인공지능이 완 벽히 따라 하기란 불가능할 것이다.

최근 여러 대학에서 외국어 학과를 폐지하거나 축소하는 움직임이 있다. 이는 외국어를 배우고 번역하는 과정이 인공 지능으로 대체되고 있기 때문이다. 번역하지 않아도 되는 세상, 새로운 언어를 안 배워도 되는 세상이 이미 반은 왔다. 외국어 학습 역시 패턴을 배우는 것인데, 인공지능을 어시스턴트로 쓸 수 있다면 새로운 언어를 배울 필요도 줄어들지 않을까? 그러나 이것은 언어를 도구적인 측면에서 볼 때만 그렇다.

언어의 가장 중요한 기능으로 나는 세 가지를 든다. 의사소통을 위한 목적efficiency, 의사표현expressivity, 공감empathy이 바로 그것이다.

의사소통을 위한 목적적 언어는 이제 인공지능이 대신할 수 있겠지만 표현, 감정, 감각, 감동의 느낌을 인공지능이 전달할 수는 없을 것이다. 패턴화 하지 못하는 언어, 즉 감정, 감각, 공감이 결국 인간 언어의 중심에 설 것이고, 이 이유에서 인간의 번역이 필요하며, 다양한 인간의 언어가 사라지지 않고 존재할 것이다.

인공지능의 놀라운 번역 능력이 인류의 다양한 언어를 모두 동일하게 만들 것 같지만 사실 언어는 더욱더 달라질 것이다. 예를 들어, 만약 전 인류가 영어 하나만 썼다면 우리의 언어 영역은 일찌감치 인공지능의 지배에 들어갔을 것이다. 그러나 세상에는 아직 무수히 많은 언어가 존재하고 이것은 인공지능이 인간의 언어를 정복하지 못하도록 막는 방패와 같은 역할을 한다.

이 밖에도 인공지능으로부터 인간 언어를 보호하는 세 가지 주요 요소를 살펴볼 필요가 있다.

첫째, 실용적 다양성pragmatic versatility이다. 인공지능은 일부 풍자와 복잡한 언어를 이해할 수 있지만, 여전히 인간 커뮤니케이션의 전체적이고 복잡한 성격을 완전히 이해하는 데는 한계가 있다. 우리 대화에 내재하는 미묘한 의미와 감정 다양성은 아직 인간만이 이해할 수 있는 영역이다.

둘째, 언어 다양성linguistic diversity이다. 모두가 영어만 사용한다면 우리는 이미 인공지능에 압도당했을 것이다. 특히 유럽어가 아닌 다른 언어는 인공지능이 학습할 데이터가 매우 제한적이다. 이러한 다양성은 우리의 언어가 쉽게 복제되거나 인공지능에 의해 지배되는 것을 막는 방패 역할을 한다.

셋째, 인간 언어는 본질적으로 불완전하며 유창하지 않은 특징disfluency을 다양하게 가지고 있다. 언어학자들은 오랫동안 이런 요소를 예외라고 규정하였지만, 사실은 이 비유창성이야말로 인간 언어의 가장 핵심적인 "매력"요소다.

인공지능이 기존의 언어 패턴을 쓰는 데서 한발 더 나아가 새로운 언어를 만들어 갈지, 어떻게 언어를 주도해 갈지 명확한 방향과 형태는 아직 알 수 없다. 사실 현재까지 인공지능은 신조어는 물론이고 단어 하나 만들어내지 못했다. 인공지능이 우리에게 제공한 언어는 인간이 이미 만들어놓은 모든 단어와 언어를 엮은 결과물일 뿐이다. 물론 이 자체만으로도 놀라운 수준이긴 하다.

우려와 기대가 교차하는 가운데, 머지않아 인공지능과 인간 언어의 공존은 더 이상 선택 아닌 필수가 될 것으로 보인다. 이러한 공존의 미래를 더욱 깊이 탐구하면서, 우리는 인공지능이 언어 교육에서 차지할 역할에 대해서도 심도 있게 고민해야 한다.

사실 현대 언어학은 인간만이 인간의 언어를 전수할 수 있다는 하나의 가정에서 출발했다. 아이들은 부모에게 언어를 물려받으며 성장한다. 이중 언어 혹은 다중 언어 환경에서 부모가 서로 다른 언어를 사용하면, 아이들도 자연스럽게 다중 언어 화자가 된다. 그렇다면 인공지능이 부모를 대신하여 아이들에게 언어를 가르치는 것도 가능할까? 이런 의문은 2022년까지만 해도 말이 안 되는 것으로 여겼다. 그러나 최근 인공지능의 발달 속도를 고려하면, 가능할 것도 같다는 생각에 전율이 일었다.

당장 영어 교육을 생각해보라. 교육열이 대단한 부모가 아이의 초기 영어 교육을 인공지능에 맡기는 날이 정말로 도래한다면, 부모이자 문화의 계승자로서 우리 인간의 역할은 얼마나 축소되겠는가?

물론 언어학자인 내가 보기에도 인공지능을 활용한 언어 교육은 장점이 많다. 사실 지금 과열된 영어 사교육을 바로잡을 최적의 도구가 될 수도 있을 것으로 생각한다. 세계적 교육 불평등의 해결책도 인공지능 활용에 있다고 본다.

다만, 아이들이 첫 말문을 열 때, 아이들이 배우는 것은 단지 말뿐이 아니다. 인간에서 인간으로 이어지는 감정의 공유와 신뢰가 더 중요하다. 이러한 것들이 비인간, 즉 인공지능에서 시작될 때, 인간은 인간성을 잃고 매우 큰 정서 결핍을 경험하게 될 것이다. 우리 앞에 펼쳐진 갈림길은 인공지능을 활용한 교육을 찬성하느냐, 반대하느냐로 나뉘어 있는 게 아니다. 오히려 어디까지 인간이 담당하고, 또 어디부터 인공지능에게 맡겨도 되는지, 역할 분담에 대한 논의이다.

◆ ◆ ◆

이미 도래한 인공지능 시대에 기존 산업의 수많은 분야가 존폐의 기로에 서거나 새로운 기회에 들떠 있는 상황이다. 언어학자의 관점에서 보자면 언어 교육, 외국어 학습, 의사소통 문화가 뿌리째 흔들리는 상황이 온 것만은 분명하다. 디지털 중독을 걱정하면서도 우리는 아이들에게 스마트폰과 아이패드를 쥐어주었다. 그 폐해를 알면서도 SNS 세상 속으로 뛰어들었다. 우리가 두려워하는 것들은 사실 다 우리가 만든 것이다.

두려워하고 걱정하는 것만으로는 답을 찾을 수 없다. 인공지능을 무조건 반대하거나 두려워하는 것은 답이 아니다. 인공지능 문해력을 키우고 새로운 문법에 열린 마음을 가져야 한다. 기존의 문법을 답습하고 고집하면서 새로운 언어에 문을 걸어 잠근다면 결국 도태되고 말 것이다. 엄격한 표준어 준칙을 벗어나 신조어와 이모지도 폭넓게 받아들여야 한다. 로봇과 대화하는 것은 이제 매우 자연스러운 일이 될 것이다.

언어는 끊임없이 변하며 외부의 것들을 포용하면서 발전해왔다. 인공지능 언어도 지금 우리 언어문화에 섞이는 중이다. 열린 마음으로 받아들이자. 다만, 1%의 인간다움만은 잃지 말자.

2024년, 여름이 오는 길목에서
조지은

차례

1

언어의 경계가
무너진다

"언어의 한계는 우리 세계의 한계를 의미한다."

_ 루트비히 비트겐슈타인

슈퍼 언어의 시대가 열린다

　20세기 근대 국가가 만들어지는 과정에서 이데올로기의 핵심은 바로 '표준화'였다. 근대 국가들은 자국민에게 일정 수준 이상의 지식을 전달하기 위해 표준화된 의무 교육을 제공하기 시작했다. 이 과정에서 가장 필요한 것은 국민 모두가 이해하고 말할 수 있는 표준화된 언어였다. 국가들은 '1 국가 1 언어' 정책을 세우고 표준어 확립과 전파에 힘썼다. 그 과정에서 지역과 계층에 따라 달리 사용해왔던 언어에 차별이 존재하기도 했다. 멀리 갈 것도 없이 우리 정부는 20세기 표준화된 언어 담론의 중요한 주제로 언어 규범과 언어 순화를 내세웠다.

　하지만 언어학자로서 나는 의문을 제기하고 싶다. 과연 언어 규범과 언어 순화가 '미래의 언어'에 적합한 개념인가? 이미 우리의 언어는 국적과 현실 그리고 문자를 넘나드는 융합의 시대를 살고 있는데 말이다. 지금 우리 아이들이 살아가는 대한민국은 더 이상 단일 민족, 단일 언어, 단일 문화 국가가 아니다. 2024년에는 외국인 비중이 전체 인구의 5%를 초과하면서 대한민국이 아시아에서 처음으로 OECD 기준 다인종·다문화 국가로 진입하게 된다.[1] 앞으로 대한민국은 다문화·다중 언어 국가로 갈 수밖에 없다.

방탄소년단과 블랙핑크의 노래를 들어보라. 한국어와 영어 가사가 섞여 있어서 딱히 한국어 노래라고 하기 어렵다. 마치 이들의 노래 가사처럼 지금 우리가 경험하는 세계는 언어와 언어의 경계가 허물어진 세계이다. 세계화가 급속히 진행되면서 우리는 세계 곳곳에서 다중 언어 사용이 일상화된 모습을 보곤 한다. 우리 아이들이 다니는 학교는 영국 옥스퍼드의 작은 시골 학교이다. 그런데 전교생이 250명에 불과한 이 학교에 다양한 모국어를 가진 학생들이 50개 이상의 다른 언어를 사용한다는 사실을 알게 되었다. 믿어지지 않았다. 영어만 사용하거나 가정에서만 영어를 사용하는 아이들은 매우 드물었다. 사실 이러한 현상은 영국에만 국한된 것이 아니라 전 세계적으로 나타나고 있다. 예를 들어 캐나다에서는 필리핀 이민자들 사이에서 널리 사용되는 필리핀 공용어 '타갈로그어Wikang Tagalog'가 현재 가장 빠르게 성장하고 있는 언어이다.

전 세계를 대상으로 하는 전 세계인의 이동은 계속 늘어날 전망이다. 태어나서 죽을 때까지, 한 곳에서 사는 사람은 점점 줄어들고 있으며, 여러 번 터전을 옮기는 사람도 늘어나고 있다. 세계적으로 국가 간 이주를 경험한 인구는 1970년 8,150만 명에서 2019년 2억 7,200만 명으로 거의 230% 증가했다. 이는 전 세계 인구 가운데 2~3.5%가 꾸준히 국가 간 이주를 했다는 뜻이기도 하다. 이 정도 규모로 국가 간 이주가 '지속'된다면 2050년에는 그 수가 3억 3,090만 명이 될 것으로 예측된다.[2] 만약 이주자 비율의 '증가'가 지금처럼 계속된다면 3억 7,960만 명에 달할 것이다.

미래 세대는 다중 언어 사용multilingual을 넘어 슈퍼 언어 화자Super-lingual의 시대를 살게 될 것이다. 이전에 나는 《초국적 단어translingual words》라는 책에서 전 세계 언어의 변화를 '해바라기 모델'로 주장한 바 있다. 해바라기는 성장하며 중심부가 커지기도 하지만 동시에 중심부를 둘러싼 꽃잎의 수도 많아진다. 이처럼 급속한 세계화에 따라 전 세계 언어도 세계 공용어가 된 영어를 중심으로 하는 중심부뿐 아니라 그 주변 수많은 언어의 사용자도 늘어날 것이다. 더 쉽게 말하자면, 전 세계

슈퍼 언어 화자

슈퍼 언어 화자란 여러 언어를 자유롭게 구사하는 사람으로, 예를 들어 한국어, 영어, 일본어, 중국어를 능숙히 사용하는 다문화 배경의 사람을 의미한다. 세계화가 진행되면서 슈퍼 언어 화자의 중요성은 더욱 커질 것이며 글로벌 비즈니스와 외교 등에서 핵심 인재로 평가받을 것으로 보인다.

인이 공유하는 어휘의 수가 급속히 늘어나고 동시에 다양한 언어와 그 어휘들의 인지도도 함께 높아지고 있다는 뜻이다.

세계화가 그 어느 때보다 빠른 만큼 전 세계인이 '단어'를 공유하는 속도도 매우 빨라졌다. 과거에 대부분의 일상어는 태어난 곳에서만 줄곧 쓰였다. 하지만 특정 지역에서만 쓰였던 단어들 혹은 하위문화에서만 사용되던 단어들이 알파벳이라는 옷을 입고 영어로 사용되면서부터, 수많은 '초국적 단어'가 쏟아져 나오기 시작했다. 수많은 단어가 국경뿐 아니라 언어 경계를 넘나들며 세계어로서 공존하기 시작한 것이다.

과거에는 이중 언어 혹은 다중 언어라는 개념을 사용하곤 했다. 이 기저에는 하나의 나라에서 하나의 언어를 사용하는 게 표준이라는 생각이 깔려 있다. 사실 이러한 생각은 20세기 민족주의에서 태어난 것이기도 하다. 그러나 이제 전 세계 사람들은 이중 또는 다중이라는 말로 간단하게 표현하기 어려울 정도로 날마다 언어(translingual)와 문화(transcultural)를 넘나들며 다양한 방식으로 소통을 한다. 마치 케이팝이 딱 하나의 언어로 되어 있다고 말할 수 없듯이 말이다.

초국적 단어

초국적 단어란 특정 지역에서 사용되던 단어가 전 세계로 퍼져 공통어가 된 경우로, '한류'가 가장 대표적인 예이다. 글로벌 커뮤니케이션과 인터넷의 발달에 힘입어 초국적 단어는 더욱 증가해 문화적 다양성을 증진시킬 것으로 기대된다.

미래 언어가 온다

한국제 영어의 탄생

2021년, 영국 옥스퍼드 영어사전에 한국어 단어 26개가 동시에 등재되며 큰 화제가 됐다.[3] 그전까지 모두 합해 23개의 한국어 단어가 등재되긴 했지만 2021년 당시처럼 26개가 한꺼번에 사전에 실린 일은 처음이었다. 나는 옥스퍼드 영어사전의 한국어 컨설턴트로서 이 작업을 함께했다. 이때 사전에는 언니, 오빠와 같은 호칭 관련 단어, 갈비나 삼겹살 같은 음식 관련 단어 등 한국 문화를 접하며 사용하게 되는 여러 단어가 포함됐다. 콩글리시라고 여겨졌던 스킨십(skinship)이나 파이팅(fighting)은 오히려 영어로 수출되어 사전에 오르게 되었다.[4] 그런데 특이한 점은 등재된 단어들 중 치맥(chimaek)이나 먹방(mukbang)은 정작 한국의 표준국어대사전에는 없는 단어들이라는 점이다.

영어사전에 다른 언어의 오빠, 언니, 이모, 고모, 삼촌 같은 친족어나 사장님, 대표님, 아저씨, 아줌마 같은 호칭어가 들어간 예는 매우 드물다. 새로운 문물이나 사상 등과 관련해 새로운 용어가 다른 언어에서 유입되는 경우는 많지만, '친족어'나 '호칭어' 같은 단어가 사전이나 다른 언어에 들어가는 예는 흔치 않다. 사실 호칭어는 아시아 언어 전반에 걸쳐 매우 발달했다. 종교와 문화적인 영향으로 가족과 지역 공동체를 중요하

aegyo, *n.* and *adj.* (애교)

banchan, *n.* (반찬)

bulgogi, *n.* (불고기)

chimaek, *n.* (치맥)

daebak, *n.*, *int.*, and *adj.* (대박)

dongchimi, *n.* (동치미)

fighting, *int.* (파이팅)

galbi, *n.* (갈비)

hallyu, *n.* (한류)

hanbok, *n.* (한복)

japchae, *n.* (잡채)

K-, *comb.* Form (K복합명사)

K-drama, *n.* (케이드라마)

kimbap, *n.* (김밥)

Konglish, *n.* and *adj.* (콩글리시)

Korean wave, *n.* (한류)

manhwa, *n.* (만화)

mukbang, *n.* (먹방)

noona, *n.* (누나)

oppa, *n.* (오빠)

PC bang, *n.* (피시방)

samgyeopsal, *n.* (삼겹살)

skinship, *n.* (스킨십)

Tang Soo Do, *n.* (당수도)

trot, *n.* (트로트)

unni, *n.* (언니)

게 여기기 때문일 것이다. 이런 이유로 아시아권의 디아스포라_{diaspora} 공동체는 해외에서도 호칭어만큼은 잃지 않고 살아간다.

한국 사람들은 대개 이름을 부르지 않고 호칭을 부른다. 이와 반대로 영어권에서는 모두가 이름을 부른다. 이름을 부른다는 것은 서로 친한 사이로 발전했다는 징표이기도 하다. 그러나 아시아에서 온 사람들은 이름을 부르는 문화가 매우 낯설고 시간이 지나도 익숙해지기 쉽지 않다. 나 역시 영국인 시아버지를 이름으로 부르기까지 1년이나 걸렸다. 영화 〈기생충〉

으로 유명해진 봉준호 감독을 영국에서는 'Director Bong'이라고 부른다. 당시 영국뿐 아니라 미국이나 캐나다 방송에서도 봉준호 감독을 'Director Bong'이라고 나름의 존칭으로 불렀다. 이제는 서양에서도 아시아 사람에게 호칭을 붙여서 존경을 표하는 게 예의라고 생각하는 듯하다. 그런데 재미있는 사실이 하나 있다. 나이 지긋한 마틴 스콜세이지 감독에게는 'Director' 같은 호칭을 붙이지 않는다는 것이다.

오빠, 먹방, 파이팅!

이번에 옥스퍼드 영어사전에 등재된 '오빠'의 철자는 'oppa'이며 뜻은 크게 두 가지이다. 첫 번째는 우리가 생각하는 친족어로서의 오빠이고, 두 번째는 인기 많고 잘생긴 배우나 한국 남자 아이돌을 뜻한다고 되어 있다.[5] 이 두 번째 의미는 처음에 동남아시아 한류 팬들이 만들어서 쓰기 시작했다. 동남아시아는 우리와 같은 아시아이긴 하지만, 20세기 식민지 역사의 굴곡 가운데서 영어가 공용어로 자리 잡은 곳이기도 하다. 한류가 세계로 뻗어 나가던 초창기에 말레이시아, 싱가포르, 홍콩 등지에서 한류와 관련된 많은 언론 기사가 영어로 작성되어 영어권으로 퍼지기 시작했고 이윽고 전 세계에 알려졌다. 즉, 한류 세계화의 1등 공신은 동남아 한류 팬덤이라고 해도 과언이 아니다. 이런 동남아시아에서 오빠는 '쿨'한 단어가 되었다. 이제는 오빠라는 한 단어가 한국 남성에서 더 나아가, 남자친구나 아이돌이라는 의미까지 가지게 되었다. 사실 영어권에서 oppa는 원래 뜻인 '나이나 연배와 관련된 의미'로는 거의 쓰이지 않는다.

옥스퍼드 영어사전에 올라간 단어 oppa는 오빠 대신 '오파'로 발음이 표기되어 있다. 왜냐하면 영어의 소리 목록에 된소리가 없고 거센소리만 있기 때문이다. 한편 '먹방'은 국립국어원의 로마자 표기법에 따르자면 'meokbang'이지만, 한국어 "ㅓ" 모음은 로마자로 나타내기 가장 어려운 모음 가운데 하나이다. 영어에서 'eo'를 쓰는 단어는 매우 드물다. "ㅓ" 소리는 대부분의 세계인들에게 "ㅜ"로 들린다. 먹방이 '묵방'이 된 이유이다.

한국어의 외래어표기법이 그대로 옥스퍼드 영어사전에 '역수입'된 것도 눈여겨볼 만하다. 표준국어대사전에는 'skinship'이 '스킨쉽'이 아닌 '스킨십'으로 등재되었다. 영어의 '-sh'는 '쉬'가 아니라 '시'로 표기한다는 국립국어원의 외래어표기법 때문이다. 물론 요즘 대부분의 한국 젊은이들은 coffee를 정직하게 '커피'라고 발음하지는 않는다. 'F' 발음이 한국어에서 별로 낯설지 않게 되었기 때문이다. 그렇지만 한국어 표기만큼은 커피라고 해야 하는 곳이 대한민국이다.

캐나다 CBC 라디오의 인터뷰 프로그램 〈As it happens〉와 옥스퍼드 영어사전에 오른 26개의 단어에 대한 인터뷰를 한 적이 있다. 저 26개 단어 중 가장 마음에 드는 단어가 무엇인지 묻는 진행자에게 나는 '스킨십'이라고 답했다. 영어는 대부분 조동사를 사용해서 관계를 나타내기 때문에 이와 관련된 단어가 많지 않은데, '스킨십'은 영어가 가지고 있지 않은 영어의 감성 어휘를 풍부하게 만들어줌으로써 영어와 한국어 모두 이득을 보는 길로 이끌기 때문이다.

비슷한 맥락에서 콩글리시로 낙인찍혔던 '파이팅(fighting)'이라는 말도 우리나라 운동선수들이 해외에서 활약하며 세계인에게 알려지기 시작했다. '캡틴 손Captain Son'으로 유명한 토트넘의 손흥민 선수를 응원할 때, 세계 팬들은 이제 '파이팅'이라는 단어를 'fighting' 또는 'hwaiting'이라고 쓴다. 재미있는 것은 내가 '화이팅'이라고 써도, 워드 프로그램이 '파이팅'이라고 철자를 고쳐 준다는 사실이다. 옥스퍼드 영어사전에는 fighting과 hwaiting이 모두 등장하는데 말이다. 이 단어가 콩글리시라는 것은 많은 사람들이 알고 있다. 그런데 이 단어가 한류, 특히 한국 스포츠의 붐을 타고 세계인들에게 소개가 되기 시작하더니, 이제는 영어 매체에서도 공공연히 우리가 의도한 의미로 쓰이고 있다. 그리고 2021년에는 옥스퍼드 영어사전에 등재되기까지 했다.

영어 확장의 일등공신, 옥스퍼드 영어사전

영화 〈프로페서 앤 매드맨The Professor and the Madman〉에서 멜 깁슨이 분하여 한국에서도 유명해진 제임스 머리James Augustus Henry Murray 박사는 1879년부터 1915년까지 옥스퍼드 영어사전의 편집장으로 일했다. 머리 박사는 사전에 넣을 단어들을 일일이 찾아야 했던 이전과 달리 크라우드소싱crowdsourcing이라는 획기적인 방법을 고안해냈다.

크라우드소싱이란 군중, 무리를 뜻하는 크라우드crowd와 '작업을 외부에 위탁하다'라는 뜻의 아웃소싱outsourcing의 소싱을 합친 신조어로서 '대중에게서 아이디어나 자금 등을 구하는 것'을 말한다. 머리 박사는 영국, 미국, 호주와 캐나다를 비롯한 영미권의 영어 사용자들에게 전에 없던 새로운 단어와 인용문을 보내달라고 부탁했다. 머리 박사의 표현을 빌리자면 "영어를 말하고 읽는 대중(English-Speaking and English-Reading Public)에게 호소한 것"이라고 할 수 있다.

머리 박사의 크라우드소싱 전략은 성공적이었고 세계 각지에서 편지가 쇄도했다. 동시에 그는 이미 쓰이고 있으나 그 기원을 찾지 못한 단어들의 출처와 의미도 알아내기 위해 대중에게 적극적으로 도움을 호소했다. 이런 전략은 실로 참신하고 획기적이었다. 사전을 만드는 사람이 대중에게 단어와 용례를 제시하기 전에 오히려 먼저 사용자들에게, 심지어 다양한 영어 사용자들에게 의견을 구해서 사전을 만들려고 한 것이다. 또한 그는 각 단어의 구체적인 출처와 용례를 세세히 밝히기도 했다. 이는 모두 영어의 미래를 내다보고 한발 앞서 내린 결정이었다.

세계 곳곳에서 영어를 사용하는 사람들로부터 새로운 단어가 쓰인 글이나 신문 스크랩이 머리 박사 앞으로 속속 도착했다. 그런데 그 우편물이 너무나 많아지자, 옥스퍼드 우체국에서 머리 박사의 전용 우체통을 만들어준 일화는 매우 유명하다.

이 우체통은 내가 근무하는 아시아 중동학부 연구소에서 10분 거리에 있다. 나는 종종 머리 박사의 빨간 우체통 앞을 지나간다. 그때마다 머리 박사를 회상하곤 한다. 머리 박사는 런던시 북쪽 밀 힐학교Mill Hill School의 교장으로 일하면서 이렇게 수집된 단어들을 정리하고 사전 편찬 작업을 했다. 그리고 옥스퍼드로 이사 오기 전에 살던 런던의 자택에 편찬실scriptorium을 짓고 밤낮으로 단어를 정리했다. 머리 박사에게는 11명의 아이들이 있었는데, 모두 용돈을 받으면서 아버지의 사전 작업을 열심히 도왔다는 재미있는 일화도 있다.

옥스퍼드 영어사전의 탄생은 영어의 역사뿐 아니라 세계 문명사에서도 매우 중요한 이정표다. 이전에도 1755년에 출판

●●● 이 빨간 우체통은 아직도 옥스퍼드 Banbury Road 78번지에 진열되어 있다.
이 앞을 지날 때마다 나는 머리 박사를 회상하곤 한다.

된 새뮤얼 존슨 박사Samuel Johnson의 사전이 있기는 했다. 그러나 이런 과거의 영어사전은 규모와 전문성 측면에서 옥스퍼드 영어사전에 비교조차 할 수 없을 정도로 어휘나 어원 정보가 빈약했다. 사실 존슨 박사는 자신이 편찬한 사전에서 사전을 만드는 어휘학자를 단어의 뜻과 어원을 밝히려 뼈 빠지게 일하는 사람으로 정의했다. 물론 이는 어느 정도 자조적 유머이자 일종의 풍자라고 할 수 있지만 말이다.

사전을 만드는 일은 당시에도 정말이지 끝이 없는 일이었다. 단어들은 끝도 없이 만들어지고 있으니 말이다. 결국 머리 박사는 1884년에 A에서 Ant까지 수록된 첫 사전을 만들었으나, 옥스퍼드 영어사전 집필을 다 끝내지 못하고 1915년에 사망했다. 옥스퍼드 영어사전의 첫 증보판은 그로부터 18년이 지난 1933년에 세상에 나왔다.

20세기 초반 외래어 혹은 외국어 단어의 처리 문제는 영어의 미래를 생각하던 사람들에게 골칫거리였다. 당시 머리 박사는 이 단어들을 영어의 '아웃사이더outsiders'라고 표현했다. 문화의 수용에서도 마찬가지겠지만, 언어 수용에서도 이러한 외부 세력의 모국어 '침입'은 쉽게 해결할 수 있는 문제가 아니었다. 쏟아지는 신문화와 신어들을 모두 수용해야 하는가, 아니면 배척하거나 절제해야 하는가의 문제가 생기기 시작했다. 옥스퍼드 영어사전의 초대 편집자인 머리 박사는 사전을 만들면서 영어란 무엇인가에 대한 근본적인 질문을 많이 하게 되었다. 다음은 그가 1911년에 쓴 것으로, 옥스퍼드 영어사전 서문에 실린 글이다.

"영어는 영국인의 영어일 뿐일까! 그렇다면 영국인은 도대체 어떻게 정의할 수 있을까? 그리고, 모든 영국인의 언어가 영어일까? 일부 영국인의 언어만 영어일까? 영국의 영어, 미국의 영어, 호주와 남아프리카의 영어를 영어로 포함해야 할까? 가장 자기주장이 강한 영국인의 영어가 진정한 영어일까? 방갈로^{bungalow}에 살고 파자마를 입으며, 케저리와 처트니를 먹는 인도에 사는 영국인들의 영어는 어떨까? 이 모두가 영어일까? 그렇다! 이 모두가 영어이다!"

머리 박사는 20세기 초 영국의 식민지에서 들어오는 수많은 단어들에게 영국 국적을 부여해야 할지, 말아야 할지 심각하게 고민했다. 사실 이런 문제는 단어뿐 아니라 사람에게도 적용된다. 인구는 국력에 매우 중요한 요소이다. 마찬가지로 단어의 수가 많은 것은 영어의 힘을 과시하는 데 도움이 된다. 그렇지만 외국인이 너무 많아지면, 외국어가 너무 많아지면 정체성에 문제가 생긴다. 이것은 20세기 초에도 쉬운 문제가 아니었고, 지금도 마찬가지이다. 사실 많은 국가에서 자국어 보호 차원에서 외래어나 외국어의 사용 자체를 부정적으로 생각한다. 2013년 캐나다 퀘벡에서는 한 이탈리아 식당의 메뉴에 프랑스어 대신 이탈리아어가 너무 많다는 이유로 식당에 경고장을 보내는 우스꽝스러운 일이 있었다.[6] 경고를 받은 구체적인 이유는 메뉴에 이탈리아어 파스타^{pasta}가 쓰여 있었고 와인병을 나타내는 프랑스어 'bouteille' 대신 이탈리아어 'bottiglia'를 사용했기 때문이었다. 이런 사례를 보면 언어의 제국주의는 결코 과거의 일이 아니라는 것을 새삼 느낀다. 21

세기가 시작되고 20년도 더 지난 지금까지 그 잔재가 세계 곳곳에 많이 남아 있다.

작금의 언어 제국주의와는 정확히 반대로, 과거 머리 박사의 결론은 외래어를 모두 다 수용하자는 것이었다. 그는 세계 곳곳에서 가져온 말에게 모두 '영어 시민권'을 부여하자고 주장했다. 머리 박사의 이런 포용적인 태도는 당시 보수적인 학자들에게 비난을 사기도 했다. 그들은 머리 박사의 사전이 야만적이라고 비웃었다. 하지만 옥스퍼드 영어사전의 편집장들은 머리 박사 이후에도 모두 비슷한 입장을 고수하고 있다. 이제 옥스퍼드 영어사전은 2010년 이후 종이 사전의 삶을 접고 온라인 사전으로 발행 형태를 전환했고, 영어 사용자들의 다양한 언어를 사전에 포함하기 위해 발 빠르게 움직이고 있다.

영어가 세계어로서 그 입지가 굳어진 오늘날에 외래어나 외국어는 더 이상 영어의 아웃사이더이거나 주변적이거나 덜 중요한 요소에 머물지 않는다. 요즘 영어에 새롭게 정착하는 대부분의 단어들은 외국 국적이다. 조금 과장되게 말하자면, 앞으로 소위 이 아웃사이더들을 어떻게 수용하느냐가 영어의 미래를 좌우할 것으로 보인다.

사실 세계의 많은 단어들이 옥스퍼드 영어사전에 등재되는 일은 서로 상호이득이다. 단어는 국적이 이전되는 게 아니라 이중 국적 취득 같은 개념으로 확장된다. 옥스퍼드 영어사전

알고 보면 원래 영어가 아니었던 영어 단어들

영어의 어휘 흡수력은 음식 이름에 잘 반영되어 있다. 예를 들어, 베이컨Bacon은 원래 독일어에서 유래한 것으로 고대 프랑스어를 거쳐 영어로 정착했다. 당근Carrot은 그리스어에서 라틴어로 들어와 프랑스어로 옮겨진 후 영어에 정착했다. 셀러리Celery는 이탈리아 방언에서 프랑스어를 거쳐 영어가 되었고, 초콜릿Chocolate은 나와틀어에서 처음 나타나 스페인을 경유해 영어가 되었다. 처트니Chutney는 힌두어에서 출발했고 커피Coffee는 아랍어와 터키어를 통로로 하여 영어에 정착했다. 영화 〈패딩턴Paddington〉에서 패딩턴이 항상 챙겨 다니는 마멀레이드Marmalade 샌드위치 역시 영국에서 만들어진 게 아니다. 그리스어를 거쳐 라틴어에서 포르투갈어로 전해지고 그 후 영어로 들어왔다. 요거트Yogurt는 오토만 터키어에서 기인했다. 감자Potato는 사실 1560년 정도에 스페인어에서 온 단어인데 원래는 하이티 단어 'Batata'에서 들어왔다.

케첩Ketchup은 후난성 일대의 방언인 호키엔 중국어 단어가 말레이어를 거쳐 영어에 정착한 사례다. 햄버거와 프렌치프라이를 먹고 자란 세대는 케첩이란 가히 가장 서구적인 소스라고 여길 테지만 말이다. 누들Noodle은 원래 독일어에서 가져온 단어이다. 그런데 이 단어는 요즘 독일 음식보다 아시아 음식에 주로 쓰인다. 실제로 구글 이미지에서 누들을 검색해보면 대부분 아시아 음식이 나온다. 덤플링Dumpling이란 말도 마찬가지이다. 'Dumpling'은 원래 영국 노퍽Norfolk 지역에서 처음 등장했는데, 밀가루 피가 매우 두꺼워 우리가 생각하는 만두와는 아주 다르다. 그러나 이 단어들은 이제 아시아 음식의 대명사가 되었다. 말은 그렇게 돌고 도는 것이다.

의 경우에는 이러한 고민과 결정 과정이 약간 까다롭기는 하지만, 대체로 다양한 문화에서 온 단어들이 자리를 잡고 영어 단어로 성장하는 데 큰 걸림돌은 없는 편이다.

옥스퍼드 영어사전에 스킨십도 들어가고 대박(daebak)과 치맥(chimaek)에 이어 먹방(mukbang)까지 등재되었다. 이 단어들을 한국 사람들은 어떻게 생각할까? 등재 당시 상황을 보면, 모두 다소 의외라고 생각했던 듯하다. '치킨과 맥주'의 줄임말로 만들어진 '치맥'이 어떻게 한국어 단어가 될 수 있느냐고 의아하게 생각하는 이도 있을 것이다. 혹자는 이왕이면 순수 한국어 단어나 자랑스러운 우리 옛 문화를 반영하는 단어가 들어갔으면 좋을 텐데 하는 바람을 드러내기도 했다. 그래서인지, 옥스퍼드 영어사전에 들어가며 영어라는 국적을 취득한 단어 중에는 정작 한국어사전에서 모국 국적을 취득하지 못한 것들이 있는데 앞서 살펴봤던 '치맥', '대박', '먹방', '스킨십'이 대표적인 예이다. 이런 단어들 사이에는 공통점이 하나 있다. 종이사전이나 소위 국어학계에서 인정하는 사전에서 쉽게 볼 수 있는 단어가 아니라는 것이다.

미래의 영어,
새로운 영어

과거에 조지 오웰은 〈Politics and the English Language〉('정치와 우리말'이라고 할 수 있다)라는 에세이에서 좋은 글쓰기의 여섯 가지 규칙을 이야기했다. 그는 간결한 글쓰기의 중요성을 강조하면서 그중 한 가지로 '외국 표현foreign phrase'을 쓰지 말 것을 꼽았다. 즉, 확실한 영국 국적을 가진 표현만 쓰기를 원한 것이다. 당연하게도 조지 오웰은 여러 국적의 단어, 서로 다른 단어가 섞인 이런 융합어를 좋아하지 않았다. 다른 영국인들도 마찬가지였지만 이런 경향은 이제 크게 변했다. 영어가 소비자 중심으로 급격히 변화하고 있기 때문이다.

옥스퍼드 영어사전에는 약 60만 개의 단어, 3백만 개의 인용구가 있다. 옥스퍼드 영어사전의 변화는 미래 언어의 변화상을 보여주는 데 큰 통찰을 제공할 만큼 중요하다. 그런 옥스퍼드 영어사전은 고심 끝에 영국 영어 철자와 미국 영어 철자 가운데 미국을 표준으로 선택했다. 한 예로, organise(준비하다)를 검색하면 표제어로 organize가 나온다. organise는 영국식 철자이고 organize는 미국식 철자이다. 이것은 많은 영국인들이 아직 모르는 사실이기도 하다. 옥스퍼드 영어사전에서 미국식 철자를 선택한 것은 매우 정치적인 이유 때문이었다. 소비자의 대부분이 미국 영어를 쓰고 있으니 미국식 철자를 선택한 것이다. 이는 앞으로 우리의 언어 관습과 규범이 어떠한 권력에 의해 만들어지고 강요되기보다는 언어 소비자들에 의해 만들어지며, 언어 소비자가 곧 언어 생산자가 되어가리라는 것을 보여 주는 한 예가 되기도 한다.

21세기 공용어는 영어다. 그런데, 우리가 앞으로 만나게 될 영어는 지금까지의 영어와는 매우 다른 모습일 것이다. 요즘 영어에 새롭게 정착하는 대부분의 단어는 외국 국적의 단어들이다. 옥스퍼드 사전의 초대 편집장 제임스 머리 박사가 20세기 초 영국의 식민지에서 들어오는 수많은 단어들에 영국 국적을 부여해야 할지 말아야 할지 고민한 끝에, 포용이라는 결론을 내렸듯이 미래의 영어 또한 국적의 논의를 초월한 새로운 영어가 될 것이다. 영어가 세계인의 공용어가 되어 버린 지금, 영어는 더 이상 영어권 나라의 것만이 아니게 되었다.

같은 말,
다른 뜻

언택트Un-tact라는 단어는 〈트렌드 코리아 시리즈〉로 유명한 김난도 교수가 비대면 시대의 기술과 소비문화를 설명하기 위해 만든 조어다. 접촉 혹은 대면이라는 의미의 콘택트contact의 반대 개념으로 소개한 말이다. 기존에 'contactless'라는 단어가 있기는 했지만 코로나 팬데믹 시기에 '언택트'는 매우 대중적인 말로 회자하여 누구나 아는 단어가 되었다. 사실 언택트도 옥스퍼드 영어사전에 등재하기 위해 준비 중이다. 다양성의 시대에 걸맞은 흐름이라고 할 수 있겠다.

세계적으로 언어 융합이 제일 명확하게 보이는 분야는 음식 관련 산업이다. 얼마 전에 영국의 버거 식당에 갔는데 메뉴 이름이 무려 '치즈버거 교자'cheese burger gyoza였다. 아래 설명에는 이렇게 쓰여 있었다. "버거 고기와 잘 녹은 치즈를 넣은 교자. 스리라차 마요네즈, 참깨, 파가 들어간 특제 소스와 함께 제공됩니다." 이것은 도대체 어떤 음식일까? 이게 과연 버거일까? 아니면 교자일까? 참고로 '스리라차 마요네즈'란 말 그대로 스리라차 소스와 마요네즈를 섞은 것이다. 이건 아시아 음식일까? 아니면 미국식 버거인 것일까? 마찬가지로, '김치 소스'를 뿌린 스테이크는 한국 음식인가, 아니면 서양 음식인가? 예전에는 매운맛 소스를 모두 칠리소스chilli sauce라고 불렀다. 지금은 매운맛을 나타내는 소스 이름만 영어에 10가지가 족히 넘는다. Gochujang(고추장)도 이제 당당히 영어 단어가 되었다. 그렇지만 때에 따라서는 고추장 대신 'Korean pepper sauce', 'Korean chilli sauce' 등의 다른 말도 쓰인다. 입맛 따라, 취향 따라, 다른 언어와 다른 단어가 쓰이는 것이다.

미래 언어가 온다

버스를 타고 내릴 때 보니 버스 단말기에 이런 문구가 적혀 있다. "Don't forget to TAP OFF!" 내릴 때 잊지 말고 교통카드를 단말기에 꼭 찍으라는 의미이다. 요즘 영국 버스에서 쉽게 볼 수 있는 '탭오프TAP OFF'는 사실 원래 없던 말이었다.

근래에 비접촉contactless 결제 방식이 늘어나자, 교통카드를 찍으면서 타고 내리는 '탭온tap on', '탭오프' 같은 표현이 생겨났다. 영어 단어 탭tap의 뜻을 기존에 알고 있던 사람이라도, 영어를 아주 잘할 줄 아는 사람이라도, 디지털 시대로의 변화를 모른다면 버스 안내문에 적힌 이 말을 이해 못 할 수도 있는 것이다.

얼마 전에는 아이들에게서 팜 투게더farm together라는 말을 처음 들었다. 같이 농사를 짓는다는 말인가 하고 생각했는데, 그게 아니라 게임 속 언어였다. 영어권 국가에서 산다고 이 말을 아는 것은 아니다. 영국에서 살건 한국에서 살건, 게임을 모르면 이 표현의 의미를 알 수 없다. 이것을 농사로 이해하지 않고 게임으로 이해하는 것은, 결국 문해력을 이야기할 때 언어의 상황과 맥락, 경험, 환경을 고려해야 한다는 것을 보여주는 예시다. 과거의 문해력만으로 이해하기에는 세상이 너무나도 빠르게 변화하고 있다. 이런 현상은 앞으로 기술이 발전함에 따라 더 빈번하게 일어날 것이다.

그라인딩Grinding: 일상에서는 무언가를 갈거나 문지르는 행위를 의미하지만, 게임에서는 반복적으로 같은 작업을 수행하여 경험치나 아이템을 얻는 행위를 말한다.

파밍Farming: 농사를 짓는 일반적인 의미와 달리, 게임에서는 특정 자원이나 아이템을 대량으로 얻기 위해 지속적으로 같은 적을 처치하거나 같은 임무를 반복하는 행위를 뜻한다.

봇Bot: 본래 인공지능 플레이어의 줄임말이었으나, 상황에 따라서는 실력이 낮은 플레이어를 놀리는 용어로 사용되기도 한다.

루팅Looting: 전리품이라는 의미이지만, 게임에서는 적을 쓰러뜨리거나 특정 임무를 완료했을 때 아이템을 얻는 행위를 총칭한다.

스폰Spawn: '자연 발생하다'는 일반적인 의미로는 쓰지 않고 게임에서 플레이어나 적 또는 아이템 등이 나타나는 위치나 행위 그 자체를 뜻한다.

캠핑Camping: 다른 플레이어를 기습하기 위해 한 장소에 계속 머무르는 전략을 말한다.

언어도
이제는 하이브리드 시대

일상어는 우리 삶에 늘 존재하는 단어들이다. 길을 걷다 보면 눈에 띄고, 직접 먹기도 하며, 입기도 하는 것들에 대한 말이다. 그리고 영어, 한자어 등 다양한 재료를 가져다 우리 입맛

대로 요리해 사용하는 단어이기도 하다. 이런 일상어를 가만히 살펴보면 영어와 한국어가 적절히 섞인 혼종 단어, 즉 '하이브리드어'가 생각보다 많다는 것을 알 수 있다. 그리고 많은 일상어들이 차별의 대상이자 순화의 대상으로 여겨진다. 만약 이런 단어들을 없앤다면 어떻게 될까? 우리 일상이 제대로 굴러가지 않을 게 분명하다.

차별과 순화의 대상으로 치부되는 하이브리드어는 실제로는 한자어나 순수 우리말 단어들과 더불어 공생해야 하는 우리의 소중한 언어이다. 그 근거는 세계 공용어인 영어에서 찾을 수 있다. 영어에는 영어 밖에서 온 단어들이 셀 수 없이 많다. 베이컨, 브로콜리, 캐럿, 셀러리, 초콜릿, 커피, 케첩, 요거트, 토마토 등 우리가 영어로 알고 있는 일상의 음식 단어들 대다수는 다른 언어 문화권에서 유입된 단어이다.

일본어에서 유래되어 영어에 정착한 단어 '사케sake'는 일본어에서는 '술'이라는 보통명사를 뜻하지만, 영어권에서는 일본의 곡주를 의미하는 단어로 쓰인다. '커리curry'는 원래 타밀어의 'kari'에서 온 단어로서, 밥에 향미를 더하기 위해 넣는 소스를 의미했다. 처음 이 단어가 영어에서 보이기 시작한 것은 1598년경이다. 이 단어가 하나의 음식 장르를 포괄하게 된 것은 17세기 동인도 회사의 발전과 함께였다. 영국인들은 자신들의 입맛에 따라, 그리고 요리 방법과 보관이 수월한 형태로 커리의 새로운 역사를 썼다. 영국 대중에게 익숙한 음식인 치킨 티카 마살라chicken tikka masala는 사실 영국 혹은 미국에서 변형되어 새롭게 태어난 인도 음식이라는 주장이 힘을 받고 있다. 치킨 티카 마살라라는 단어 역시 영어에서 처음 만들어져 쓰이게 된 단어이다. 영국인들은 커리를 가루로 만들어서 일본에 전해주었고 19세기 일본에서 카레kare로 발전했다. 지금도 영어에는 'kare'와 'curry'가 공존한다. 이 단어가 들어간 음식 이름으로 curry rice, curried rice도 있고 kare rice, kare raisu도 있다. 전자는 인도식 카레를, 후자는 일본식 혹은 한국식 카레를 가리킨다. 말은 이렇게 돌고 돈다.

아마 머리 박사도 영어 속에 외래어가 지금처럼 이렇게 범람할 것이라고는 상상하지 못했을 것이다. 사실 머리 박사는 외래어를 합법적인legitimate 아웃사이더라고 말했다. 머리 박사의 후임인 헨리 브래들리Henry Bradley 박사는 이런 외래어들을 두고 "'진짜' 영어는 아닌 것 같다"라고 말했다. 그는 "중국이 우리에게 'tea' 같은 여러 단어를 전해준 것은 사실이지만, 이 단어들이 '진짜' 영어라고 말하기는 무리가 있다"라고 했다.

실제로 옥스퍼드 영어사전을 편찬할 당시에도 사전에 올릴 만한 외래어 단어는 아주 많았는데, 소리 없이 묻힌 것도 부지기수였다. 그래서 1933년과 1988년판 옥스퍼드 영어사전을 살펴보면 외래어의 수가 많지 않다는 사실을 알 수 있다. 1933년에 비해서 1988년 증보판에는 등재된 외래어의 개수가 증가하기는 했으나 역시 많다고 할 수는 없다. 특히 아시아에서 유래된 외래어는 아주 적었고 대부분 힌디어, 산스크리트어 그리고 일본어 정도였다. 1988년판을 만들 당시에도 언어의 평등이 주장되었으나 모든 외래어를 다 넣은 것도 아니고, 오히려 많이 제외했다는 이야기도 후에 전해졌다.[7]

밖에서 유래된 단어들을 가만히 살펴보면 이민 2세, 3세와 같이 과거에 어떤 경로로 그 언어에 정착을 했는지 정확히 알 수는 없지만 어쩌다 보니 해당 언어 세계에 들어와 자리 잡은 단어가 있다. 이 단어들 중에는 똑같은 형태의 단어가 다른 언어에서 발견되는 경우도 있다. 예를 들어, '레스토랑restaurant'은 '음식을 제공하는 장소'라는 뜻으로 프랑스어에서 유래되었지만, 독일어와 스페인어 등 다른 언어권에서도 흔히 볼 수 있는 단어이다. 더 쉬운 예는 한국, 중국, 일본에서 찾아볼 수 있다. '대학大學', '전화電話', '중국中國' 등은 세 나라 모두 같은 한자를 쓰며 발음도 유사하다.

물론 외래어에 대한 차별이 없지는 않다. 보통 외래어들을 대문자로 쓰거나 이탤릭체로 쓰는 등의 유예기간이 존재했다. 하지만 요즘 소셜 미디어를 보면 사람들은 이런 방법을 건너뛴다. 유예기간도 최소화되고 있다. 이제 전 세계는 인터넷에서 더 나아가 가상세계에서 빠르게 하나가 되어 가고 있다. 가상세계 시대에 언어는 지역의 벽을 종횡무진 넘나든다. 어제의 토착 용어(local language)는 내일의 글로벌 용어(global word)가 된다. 이러한 변화의 속도는 너무나 빨라서, 한편으로는 무엇이 '로컬'이고 무엇이 '글로벌'인지를 정의하는 것조차 이제 쉽지 않은 일이 되어버렸다.

미래언어 트렌드 핵언어로 미리 보는 미래 언어의 모습

핵언어의 미래는 개인의 경험과 취향에 따라 맞춤화된 언어 사용으로 특징지어질 것이다. 사람들은 중앙 집중적 통제를 벗어나 자신만의 규칙을 자유롭게 만들어가며, 이 과정에서 각자의 창의성과 소통 욕구가 반영될 것이다. 한편으로 이 핵언어의 속성은 사회 변화와 경제의 흐름을 파악하기 위한 유의미한 정보로 활용할 수 있다.

핵언어는 미래 언어의 한 단면이기도 하다. 핵언어는 다양한 문화와 언어적 배경이 상호작용을 하면서 언어의 다양성을 촉진한다. 이 변화는 특정 소수의 내수용 언어에서 벗어나 불특정 다수와 공유되는 언어로의 진화를 의미한다. 이러한 언어 다양성을 수용하고 이해하는 것은 국제적인 소통과 문화적 교류에 새로운 방향을 제시할 것이다.

미래 언어가 온다

전 세계를 촘촘히 연결하고
무한히 쪼개는 핵언어

핵가족이라는 단어가 처음 기록된 것은 1924년이다. 핵가족은 여러 세대가 함께 사는 대가족에 반대되는 말이다. 저자 송길영은 《시대예보: 핵개인의 시대》라는 책을 통해 이제 핵가족의 시대를 지나 핵개인의 시대가 오고 있다고 주장했다. 각자의 주체성을 가진 개개인이 주가 되어 살아가는 것이다.[8] 나는 이 핵개인의 언어를 핵언어(nucleolect)라고 부르고자 한다. 중심, 근본적인 영향을 뜻하는 'nuclear(핵)' 그리고 말과 언어를 뜻하는 접미사 '-lect'가 만나서 만들어진 핵언어이다. 그리고 이러한 핵언어의 주체는 각각의 개인이다.

핵언어라는 개념은 내가 2018년부터 연구해온 초국적 언어 모델이 이론적 배경이다. 현대인들은 인공지능 발달과 더불어 디지털 기술로 촘촘히 연결된 세계를 살고 있기 때문에 미래의 언어가 영어를 기반으로 더욱더 단순해질 것으로 생각하곤 한다. 그러나 실상은 그렇지 않다. 이제는 중앙의 강력한 힘이 문법을 통제하는 게 불가능한 상태에 이르렀다. 개개인의 언어가 다 달라지고 있다. 세대와 세대 사이뿐 아니라 같은 세대임에도 개인과 개인의 언어 사이에 커다란 소통의 틈이 생길 것이다. 그리고 언어 활동의 장소가 오프라인이냐 아니면 온라인이냐에 따라 사용하는 언어도 매우 다를 것이다.

한편 핵언어는 개인의 교육 환경, 성장 배경, 나이, 직업, 인종보다는 개인 취향과 소속된 커뮤니티에 의해 결정된다는 특징이 있다. 그리고 서로 다른 언어와 문화가 만나는 일이 지극히 빈번해지면서 각각의 핵언어는 마치 핵분열처럼 매번 새로운 언어를 만들어낼 것이다. 인공지능이 우리의 언어생활에 가까워질수록 언어 분열과 다변화는 가속할 수밖에 없다.

2

한류의
언어

"정말이지, 내가 춤을 잘 추는 날이 올 줄은 몰랐습니다.
이 모든 게 방탄소년단 덕분이죠."

_ 코난 오브라이언

'블랙핑크'는 한국어인가, 영어인가?

케이팝의 언어를 알면 미래 세대가 어떤 언어를 쓰게 될지 어느 정도 예측할 수 있다. 방탄소년단, 블랙핑크의 노래 가사를 들어보자. 순수 한국어도 아니고 그렇다고 온통 영어로 되어 있지도 않다. 케이팝 가사는 한국어와 영어를 융합해놓은 것이다. 이 융합의 언어가 바로 미래 언어의 특징이다. 이는 동시에 미래 세대의 동력으로 작용한다.

언어를 기가 막히게 융합할 줄 아는 사람은 언어의 연금술사가 될 것이다. 한류 팬덤은 2021년 한 해 동안 약 78억 건의 트윗을 남겼다.[1] 트윗은 대부분 영어로 작성되었지만, 다양한 형태로 한국어가 섞여 있음을 알 수 있다. 그 가운데 가장 많이 쓰이는 게 한글로 된 이모티콘이다. 한류 팬덤은 일종의 융합 언어를 통해 소통한다. 한국 정부와 언어학자들은 콩글리시를 없애고 언어를 순화해야 한다고 주장한다. 하지만 콩글리시는 전 세계 대중문화를 선도하는 케이팝에서 자유롭게 서로 융합된 여러 언어의 결과물이라는 사실을 잊어서는 안 된다. 즉, 콩글리시를 타파하자는 주장은 융합의 시대를 거스르는 발상인 것이다.[2]

케이팝은 그 자체로 언어 장벽이 허물어지는 중대한 현상을 보여주는 분야이다. 그렇다면 전 세계에서 가장 인기 있는 한류 콘텐츠는 무엇일까? 아마도 '아기상어baby shark'일 것이다. '아기상어'는 한국의 엔터테인먼트 기업인 더핑크퐁컴퍼니에서 프로듀싱을 한 노래인데, 유튜브의 뮤직비디오가 인기를 끌면서 2024년 기준 140억 뷰를 넘어섰다. 이는 가수 싸이의 '강남 스타일' 뮤직비디오 조회수의 3배에 달한다. '아기상어'도 한류 콘텐츠의 하나이다. 한류가 세계 언어에서 문화의 주축이 되려면 영어가 한류의 보급 언어가 되어줘야 한다. 즉, 한류의 언어는 영어와 한국어의 컬래버레이션인 것이다.

2023년 11월, 블랙핑크가 영국 버킹엄궁에서 대영제국 훈장을 수여받으면서 'Black Pink'라는 그룹명이 영국 대중에게 더욱 널리 알려졌다. 단어의 측면에서 볼 때 'Black Pink'는 어떻게 만들어진 것일까? 2016년 〈조선일보〉 기사에 따르면 YG 관계자는 '블랙핑크'가 가장 예쁜 색으로 꼽히는 핑크색을 살짝 부정하는 의미로서, '예쁜 게 전부가 아니다'라는 반전의 의미를 담고 있다고 밝혔다.[3] 예쁜 외모는 물론이고 실력까지 겸비한 팀이라는 뜻이라는 것이다. 그리고 '블랙black'은 '특별한special'이라는 의미에서 붙었다고 한다. 실제로 특별한 상품은 종종 '블랙'이라는 명사가 붙곤 한다. 블랙핑크의 '블랙'도 '특별한 여성그룹'이라는 뜻으로 보이도록 의도했다. 블랙과 핑크라는 두 영어 단어가 케이팝에서 만나 하나의 이름으로 결합되었다. 그렇다면 블랙핑크라는 단어는 한국어 단어일까? 영어 단어일까? 답을 내리자면, 둘 모두에 속하기도 하고, 국적을 초월하는 단어이기도 하다.

한류가 세계에 전하는 메시지: 문화 융합

앞서 말했듯이 2021년 옥스퍼드 영어사전에 한국어 단어 26개가 등재됐다. 이밖에 막내, 아저씨, 사장님 같은 단어와 함께 떡볶이를 포함한 한국 음식명도 등재될 준비를 하고 있다. 이렇게 친족어나 호칭어가 세계에 진출하게 된 데는 한류 드라마와 영화가 아주 큰 몫을 했다.

세계는 왜 한류의 언어에 열광하는 것일까? 2003년 〈코리아헤럴드〉에서 영어로 처음 한류라는 표현이 쓰인 지도 20년이 지났다. 당시 기사를 보면 한류에 대해 어떤 특별한 정의를

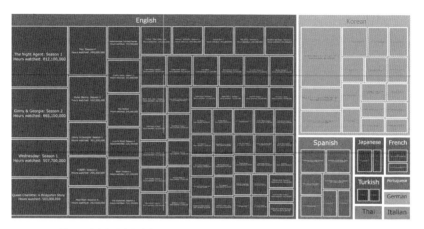

●●● 한국 드라마와 영화의 세계적 인기는 한류의 지속적 확장을 보여주고 있다.
2023년 상반기 기준으로 전체 시청 시간의 30%를 차지하며 비영어권 콘텐츠 1위를 기록했다.
자료: https://rpubs.com, Simon Barnes-Sadler

내리지는 않았던 것으로 보인다. 옥스퍼드 영어사전에 한국어
에서 유래된 단어들이 등재될 수 있었던 배경에는 한국 음악
과 드라마를 소비하며 동시에 자기들만의 방식으로 번역하여
전파한 세계의 수많은 문화 향유자들이 있다. 케이컬처^K-culture
는 한국에서 영감을 받아 만들어졌지만, 전 세계의 사용자가
즐기고 재생산하는 국제적인 문화가 됐다. 케이컬처를 한국만
의 문화로 여기거나 한국이 독점하려 들면 안 되는 단계에 접
어들었다. 바야흐로 우리는 케이컬처 그 나름의 생명력을 인
정해야 하는 시기를 살고 있다.

한류는 언어와 문화 융합의 결정체이다. 얼마 전 한류 학회

에서 인도 사람들이 한류를 즐기는 방식에 대해 듣고 본 적이 있다. 인도는 케이팝 불모지였음에도 불구하고 코로나 팬데믹을 거치면서 2022년 통계를 기준으로 3년간 케이팝 유튜브 조회수가 무려 1,000% 증가하는 놀라운 성장을 보였다.[5] 특이한 점이 있다면 바로 인도인들은 한류를 인도식으로 해석하여 즐긴다는 점이다. 발리우드Bollywood 스타일 댄싱과 케이팝, 케이드라마를 뒤섞어 즐기는 모습이 무척 신기했다.[6]

앞으로 한류가 더 성장하기 위해서는 발리우드와 케이팝의 컬래버 같은 한류의 현지화(K-localizing)가 매우 중요해질 것이다. 한류는 그 시작부터 지금까지 기존의 한국 문화로만 이뤄진 것이 아니라, 그 안에 여러 가지 문화가 뿌리를 내리고 섞여서 만들어진 융합의 산물이다. 20세기 식민지 시대를 겪으면서 아시아 문화권은 중국 문화권에서 영어 문화권으로 서서히 이동했다. 세계적으로 아시아의 언어와 문화유산은 언어의 장벽 때문에 세계인의 관심을 받기 힘들었다. 한

한류의 현지화

한류의 현지화는 한국 문화 콘텐츠가 현지 문화와 결합하여 새로운 형태로 발전하는 과정을 말한다. 현지화에 성공한 한류 문화는 한류의 지속 가능한 성장을 돕고 글로벌 문화 교류를 촉진할 것이다. 향후 한류는 더욱 다양한 문화와 결합해 더욱 개성 있는 한류 콘텐츠를 생산할 것으로 기대된다.

류는 그런 세계인들에게, 특히 아시아인들에게 새로운 문화 도약의 가능성을 제시했고 용기와 희망을 주었다. 또한 비영

어권 문화이자 비유럽권 문화를 향해 세계인들의 신선한 호기심을 자극할 수 있었다. 특히 한류의 역동적이며 열려 있는 문화 특성은 세계인들에게 특별한 울림을 전했고 매력을 느끼게 한 게 사실이다. 한류가 한국의 언어와 문화에서 영감을 받아 시작된 것은 맞지만, 오늘의 한류 문화를 만든 것은 그 문화를 통해 자신들의 문화를 만들어간 세계 각국의 한류 소비자들이다.

옥스퍼드 영어사전의 한국어 단어 등재에는 또 하나 의미 있는 지점이 있다. 그것은 바로 인용된 단어들의 용례 다수가 영미권 문헌이 아닌 아시아권의 온오프라인 텍스트라는 점이다. 필리핀, 싱가포르 등에서 영어를 제2 모국어로 쓰는 한류 향유자들은 언어적 권위에 의존하지 않고 자발적으로 한국어 단어들을 영어의 세계에 편입시켰다. 이에 관해 옥스퍼드 영어사전의 편집자 다니카 살라자르Danica Salazr 박사는 "어휘 혁신이 더 이상 영국과 미국의 전통적인 영어 중심에 국한되지 않는다는 것을 보여준다"라고 말했다. '영어의 주인이 누구인가?'라는 질문에 대한 옥스퍼드 영어사전의 철학과 영어 언어권의 인식 변화가 한국어 단어 등재 일화에 담겨 있는 것이다.

콩글리시도
이제 영어의 일부

슈퍼마켓이나 쇼핑몰에 가면 대부분 상표와 이름이 '한국제' 영어로 쓰여 있다. 물론 전통적인 영어의 잣대로 보자면 대부분 잘못된 영어다. 예를 들어 화장품 종류와 이름은 온통 영어투성이지만, 대부분 영미권에서는 실제로 쓰지 않는 단어이다. 그런데 요즘 케이뷰티(K-Beauty)의 인기로 한국 화장품이 세계적으로 인기를 끌면서 세계인들은 한국 화장품의 종류와 이름을 '한글 그대로' 배우고 있다. 일례로 '비비크림BB cream' 은 독일의 피부과 의사가 처음 소개했지만, 그 화장품과 이름이 세계적으로 널리 알려지게 된 것은 한국 화장품 기업을 통해서였다. 이뿐만 아니라 에멀전emulsion, 에센스essence, 팩pack, 미스트mist 같은 화장품 관련 단어들도 아마존닷컴에서 영어 철자 그대로 검색해서 구매할 수 있다. 그런데 사실 이런 화장품 단어들은 원래 영어에 있던 단어를 한국인들이 그 의미를 새롭게 창출하고(rebranding) 쿨한 화장품 용어로 부활시킨 것이다.

2016년에 재미있는 설문조사가 있었다. 영국 사람들이 제일 싫어하는 단어에 관한 것이었는데, 1위의 오명을 얻은 것은 모이스트moist 라는 단어였다. 우리말로 옮기자면 '축축한' 정도로 보면 되겠다. 하지만 모이스트는 크림이나 팩과 만나 새로

트렌드	한글	설명
Dewy skin	촉촉, chok-chok	수분감, 윤기가 있는 이슬 같은 피부
Honey skin, honey glow	꿀광, kkul-gwang	꿀 같이 촉촉하고 반들거리는 피부
Glass skin	촉광, chok-gwang	촉촉하고 광이 나는 피부
Elastic skin	쫀쫀, zzon-zzon	탄력 있는 피부
Inner glow	속광, sok-gwang	피부 자체에서 나오는 광채
Water glow	물광, mul-gwang	보습감이 많고 빛이 나는 피부

운 화장 용어로 다시 태어났고 불호의 대명사에서 '쿨'한 형용
사로 변신했다. 요즘에는 물광(mul-gwang), 촉촉, 꿀광 같은 단
어들이 영어에서 쓰이기 시작했다.[7]

　이렇게 언어에서 국적의 경계가 흐려지고 있는 시대에 과
연 한국어는 한국인들만의 것인지, 콩글리시와 정통 영어를
구분해야 하는지 같은 담론은 시대 흐름에 맞지 않다.[8] 이 구
시대적 담론과 별개로 한국인들은 그동안 다른 어떤 나라 사
람들보다 활발하게 국적을 초월한 단어를 만들어내고 사용했
다. 우리는 늘 있는 일이어서 특별하게 생각하지 않을지 몰라
도, 다른 국가에서 쉽게 찾아볼 수 있는 현상이 아니다. 예를
들어, 영국에서는, 언어란 소수의 엘리트가 만드는 것이라는
인식이 강하다. 그래서 대중은 새로운 어휘를 만들어낼 생각
을 하지 못했을뿐더러, 미디어도 새로 생긴 말을 쓰는 것을 꺼

린다. 반면에 한국의 신조어는 소수의 엘리트가 아니라 익명의 대중이 만든다. 누군가에 의해 만들어지고 사회 현상을 정확히 반영한다고 여겨지면 그 단어는 금세 인기를 끈다. '근자감(근거 없는 자신감)', '자강두천(자존심 강한 두 천재의 대결)', '알잘딱깔센(알아서 잘 딱 깔끔하고 센스 있게)', '얼죽아(얼어 죽어도 아이스 아메리카노)', '킹받다(매우 열받다)' 같은 말은 인터넷을 중심으로 퍼져 만화, 노래, 드라마, 심지어 언론에서까지 사용된다.

대한민국 경제 발전의 원동력 중 하나가 이렇게 자발적인 단어 생산과 유통에 있다고 믿는다. 단어가 많으면 언어 효율성이 극대화된다. 상황에 딱 맞는 단어가 없다고 생각해보라. 각각의 상황을 풀어서 설명하면 시간도 많이 걸리고, 대화의 정확성도 확연히 떨어질 것이다. 한국어의 교착어적 특성과 한자어, 영어 등 다양한 어원의 단어들을 자유자재로 재단하여 사용하는 능력은 우리의 언어 효율성을 정말로 극대화하였다.

다양성과 포용성의 강화도 한류 언어 효율성을 위해 필요한 부분이다. 다양한 사회경제적 배경을 가진 사람들이 한국어를 배울 수 있도록 하고, 문화적 차이를 존중하고 글로벌 커뮤니티에서의 포용적 대화와 교류를 장려해야 한다. 한편, 한류 언어의 현지화 전략은 각 나라의 문화와 언어 특성을 고려하여 학습 자료를 맞춤화하여 해당 국가의 문화적 배경과 한국 문화 간의 공통점을 강조하는 데 중점을 둘 수 있다.

이와 더불어, 기술과 IT 혁신을 언어 학습의 새로운 기회로 삼는 것이 중요하다. 인공지능, 가상세계, 모바일 앱을 활용한 언어 학습 경험은 학습자 개인의 수준과 선호도를 고려한 맞춤형 학습 방식을 제공할 수 있다. 이렇게 하면, Z세대와 알파 세대의 자녀를 둔 부모와 교사, 교육 전문가들은 미래 언어 교육의 방향성을 모색하는 데 있어 더욱 효과적인 지침을 얻을 수 있을 것이다.

영어가 한국에 정착한 지 140년 가까이 지난 오늘날, 다양한 단어들이 우리 삶의 구석구석에서 태어나고 성장하고 우리와 더불어 살아가고 있다. 한국인들의 삶과 함께해온 이 단어들에 대해 색안경을 끼고 보거나 잘못된 단어라는 족쇄를 씌우는 것은 자해 행위나 다름없다. 이 단어들은 우리의 실정과 필요 그리고 구미에 맞게 탄생한 문화이고 우리의 소프트 파워를 반영한 성과물이다.

한글이 한국인에게
외래어가 된 세상

미래 사회의 핵심은 미래 언어이다. 나는 21세기 대중이 수

많은 언어와 문화의 경계를 넘어 삶을 영위하는 것을 가리켜 슈퍼 링구얼super-lingual, 슈퍼 컬처럴super-cultural이라고 부르고 있다. 21세기에 슈퍼 링구얼은 선택이 아니다. 모두에게 닥친 현실이다. 슈퍼 링구얼들의 삶에서 하이브리드어와 문화는 일상이 될 것이다. 아울러 대중은 슈퍼 링구얼로서 소비자와 생산자의 역할을 모두 하게 될 것이다. 그렇다면 지금까지 정부가 주도해온 언어와 문화에 대한 통제와 규제는 어떻게 될까? 아마도 점점 힘을 잃고 사라지게 될 것이다.

슈퍼 링구얼, 슈퍼 컬처럴의 시대에 이전의 주된 언어 담론인 표준화, 순화 논의는 시대착오적이다. 언어 순화의 요지는 외래어를 쓰지 말고 순한국어를 쓰자는 것이다. 아마 한국에서 제일 익숙한 것은 일제강점기의 언어적 잔재를 한자어나 순한국어로 바꾸는 작업일 것이다. 예를 들어, 벤또는 일본말이라서 도시락으로 바꿨고, 국민학교는 일제를 연상케 한다고 해서 초등학교로 바꿨다. 나는 분명 남산국민학교를 졸업했는데, 이제는 남산초등학교를 졸업했다고 말해야 한다. 그런데 알고 보면 국민이나 초등이나 한자어인 것은 마찬가지다.

얼마 전 영국 런던 시내를 걷다가 '진로 이즈 백'이라는 한글 포스터를 본 적이 있다. 진로가 돌아왔다는 의미의 '진로 이즈 백'이라는 표현은 한국어일까, 영어일까? 이렇게 영어를 한글로 풀어 쓰는 것 혹은 한국어를 영어로 풀어 쓰는 것은 이미

●●● 한류는 한글의 옷을 입고 다양한 형태로 확산하고 있다. 멋과 트렌드는 이제 문법과 철자보다 더 우월한 가치를 가지게 되었다.

우리의 일상이 되었다. 미래 세대에는 훨씬 더 자주 나타날 것이다. 단순히 풀어 쓰는 것을 넘어 한국어와 영어를 섞어 쓰는 것도 우리의 일상이 될 것이다. 미래 세대는 한국어나 영어, 한글과 알파벳의 경계를 자유롭게 넘나드는 언어생활을 하게 될 것이다. 이것은 미래 언어의 또 하나의 특징이다. 문법이나 규범은 더 이상 중요하지 않다. 트렌드를 잘 반영해 적절하게 언어를 사용할 수 있는 것이 미래 세대에게 필요한 언어 능력이다.

한국 거리에 한글은 쏙 빠지고 외래어만 쓰인 간판이 많다고 비판하는 목소리가 높다. 한편으로는 외국에서 한글 간판이 보이는 것을 아주 긍정적으로 보면서 한류의 힘이라고 말하는 기사를 보곤 한다.

사진의 간판은 영국 런던에 있는 식당의 간판이다. 한글 자모를 풀어서 쓰기까지 했다. 그리고 옆에는 알파벳으로 'Zanchi'라고 해놨다. 이게 틀린 것일까? 아무도 틀렸다고 말할 수 없다. 사실 이것은 애당초 맞느냐 아니냐로 따질 문제가 아니다.

한국산 게임은 예전부터 세계적으로 유명했다. 세계적인 게이머 중에 한국 사람도 많다. 세계적인 게이머들은 게임 채팅창에서 한글 자모를 풀어서 쓰는 것으로 이미 널리 잘 알려져 있다. 이 단어들 역시 틀린 단어가 아니다. 쓰임이 다른 한글, 한국어 단어라고 볼 수 있을 것이다.

마찬가지로 케이팝 팬들이 트위터 같은 소셜 미디어에서 한글 자모로 된 단어나, 한국에서 많이 쓰는 이모티콘으로 소통하는 것을 두고 옳다 그르다 말할 수 없다.

전 세계 게이머들이 자주 사용하는 한글 자모와 의미

ㅁㅇ (미안)	ㄱㅅ (감사합니다)
ㅂㅂ (바이바이)	ㅎㅇ (하이)
ㅇㅇ (응응)	ㄴ (노)
ㅅㄱ (수고했어요)	ㅈㅅ (죄송합니다)

●●● 전시회 포스터에 한글 '한류'가 영어 'Hallyu'보다 훨씬 크게 디자인된 것이 눈길을 끈다.

지금까지 전 세계인을 융합하는 대표 언어는 영어였고, 앞으로도 세계인의 언어로서 영어의 중요성은 매우 클 것이다. 그런데 이에 더해 미래에 한글의 잠재력과 영향력 또한 매우 커지리라고 확신한다. 최근 영국 빅토리아 앤드 앨버트 뮤지엄Victoria and Albert Museum에서는 한류 전시회가 크게 열렸다. 그런데 그 전시회의 포스터에는 한글로 쓰인 '한류'가 알파벳 'Hallyu'보다 더 크게 적혀 있었다.

불과 몇 년 전까지만 해도 상상하기 어려운 일이다. 이런 포스터가 만들어질 수 있었던 것은 한류가 세계적으로 사랑받으며 한글에 대한 관심도 함께 높아졌기 때문이다. 한류는 글로벌 팬덤이 한국의 문화를 수용하고, 이해하고, 재해석해낸 문화이다. 즉, 한류는 더 이상 한국만의 문화가 아니다. 마치 'K'라는 접두사가 한국만을 의미하는 게 아니듯, 한글 또한 한국이라는 지역, 한국인이라는 국적에 국한될 이유가 없다.[9] 실제로 많은 팬들은 한국어 음을 알파벳으로 옮겨서 말하는데 그치지 않고 한글과 한국어를 배우고 있다.

한글의
빗장 열기

한국어에 영어가 유입된 지 140년 정도 지났다. 다음은 이종극 선생이 발행한 우리나라 최초의 외래어 사전에서 발췌한 글이다.

> "요새 新聞에는 英語가 많아서 도모지알아볼수가없다"는 不平비슷한말을 나는여러사람의입에서 흘러나오는 것을 들었다. 實로現代(더욱最近十年以來)는 '外國語闖入時代'란 이름을붙일만큼外國語가 闖入하고 있다. 新聞이란新聞雜誌란雜誌는 모두 外來語를混織한다. 소위 모더니즘의 文人墨客들은 다투어 外國語를移植하며 때로는 거의思慮없이羅列한다. (……) 오늘의쩌널리스트는外來語를쓰지않고는記事한 줄못 쓸 形便이다. 그러므로 나날이 나오는外來新語는

그 뒤를 끊지 아니하며 따라서 늘어가는 그 數 는 實로 壓倒的이다.

〈모던朝鮮外來語辭典〉(1937년 李鍾極著) 自序에서 발췌

언어학적으로 한국어와 영어를 비교해보면, 구조적인 면에서 꼭 거울로 비추는 것처럼 정반대인 점이 많다. 그 대표적인 예로 어순을 들 수 있다. 영어는 동사가 상대적으로 문장 앞쪽에 있다. 이를 소위 동사 전치 언어라고 한다. 반면에 한국어는 동사가 마지막에 오는 동사 후치 언어이다. 또한 영어에서 주어 또는 목적어 같은 단어의 성격은 문장 속 위치로 결정된다. 예를 들면, 문장의 처음에 나오면 주어이고, 목적어는 동사 다음에 나온다. 하지만 한국어에서는 영어와 달리 단어가 어디에 오는지 그 위치가 그다지 중요하지 않다. 왜냐하면 그 단어가 주어인지 목적어인지를 알려주는 조사가 적절히 등장하기 때문이다.

이를 더 쉽게 설명하자면, 한국어에서 '은/는'과 '이/가' 같은 조사는 누가 행동을 하는지 나타내고, '을/를'이라는 조사는 행동을 받는 대상을 알려준다. "나는 사과를 먹는다"라는 말에서 '나는'으로 행동을 하는 사람을, '사과를'으로 행동의 대상이 무엇인지 알 수 있다. 이렇게 떼었다, 붙였다 할 수 있는 조사에 의존한 언어적 특징 때문에 한국어를 교착어膠着語라고 부른다. 한국어와 영어로 각각 표현하자면 다음과 같다.

I gave a present to my friend. 나는 친구에게 선물을 줬다.

친구에게 내가 선물을 줬다.

내가 선물을 친구에게 줬다.

어휘 차이는 말할 것도 없다. 한자 문화권에 2,000년이 넘도록 속해 있던 한국어와 인구어印歐語의 게르만어파에 속하는 영어 사이에 교집합으로 묶을 수 있는 단어는 전혀 없다. 물론 문화적으로도 공유 지점을 찾기 어렵다. 하지만 우리는 그 짧은 100여 년 정도의 시간 동안 의식주와 생활 전반에 걸쳐 영어화를 경험하고 있다. 그동안 속해 있던 한자 문화권의 영향은 시간이 지나면서 점차 옅어지고 있다. 요즘 아이들이 한자어 어휘력이 부족하다는 말이 나오는 것은 자연스러운 현상이다. 문해력에 관해 이야기할 때 나오는 수많은 한자어에 대한 이야기는 사실 미래 세대에게는 맞지 않을 수 있다. 한자어보다 영어에 더 익숙한 미래 세대에게 한자어 문해력을 강조하는 것은 모순이기 때문이다.

새로운 한류의 탄생, 한글

1895년 고종이 칙령을 통해 법령은 국문을 바탕으로 하되 한문 번역을 붙이거나 국한문을 섞어 쓰도록 하기 전까지, 비록 한문이 우위에 있기는 하되 한글과 한문은 같이 쓰이는 경우가 많았다. 〈조선왕조실록〉을 보면 공식 문서를 쓸 때 당시 한글을 뜻하던 언서諺書를 함께 쓰도록 한 일화가 자주 등장한다. 세종대왕은 문자를 모르는 백성들이 억울한 일을 당하는 것을 보고 모든 이들이 쉽게 문자 생활을 할 수 있도록 한글을 창제했다. 〈세종실록〉을 보면 백성이 문자를 몰라서 탐관오리에게 억울한 일을 당했던 사건이 무수히 기록되어 있다. 물론 세종대왕이 처음부터 새로운 문자를 생각한 것은 아니다. 한글 창제 전에는 이두문이라도 백성들에게 가르치려 했다. 그렇지만 관리들이 격하게 반대했다. 실록에는 다음과 같은 내용이 나온다.

"비록 사리를 아는 사람이라 할지라도, 율문律文에 의거하여 판단이 내린 후에야 죄의 경중을 알게 되거늘, 하물며 어리석은 백성이야 어찌 범죄한 바가 크고 작음을 알아서 스스로 고치겠는가. 비록 백성들로 하여금 다 율문을 알게 할 수는 없을 터나, 따로 큰 죄의 조항만이라도 뽑아 적고, 이를 이두문吏讀文으로 번역하여서 민간에게 반포하여, 우부우부愚夫愚婦들로 하여금 범죄를 피할 줄 알게 함이 어떻겠는가" 하니, 이조 판서 허조許稠가 "신은 폐단이 일어나지 않을까 두렵습니다. 간악

한 백성이 진실로 율문을 알게 되면, 죄의 크고 작은 것을 헤아려서 두려워하고 꺼리는 바가 없이 법을 제 마음대로 농간하는 무리가 이로부터 일어날 것입니다"라고 아뢰었다.

〈세종실록 58권〉, 세종 14년 11월 7일

이렇게 백성을 사랑하는 마음으로 만들어진 한글은 당시 한문의 발음을 익히는 데도 큰 도움을 주었다. 하지만 한글은 결코 한자를 대체하기 위해 만들어진 것이 아니었다. 이렇게 과거 한글과 한문의 관계처럼, 미래 언어 세상에서는 한글과 영어도 공존할 것이다. 즉, 한글과 영어는 서로 도움을 주되 어느 한쪽이 지배적 입장이 되는 게 아니라 함께 쓰일 것이다. 따라서 미래 언어를 이해하고 제대로 쓰기 위해서는 한글과 영어의 공존을 중요한 과제로 여겨야 한다.

앞으로 한류의 중심은 한글이 될 것이다. 전 세계 문화의 흐름과 언어의 특징을 보면서 확신할 수 있다. 한글은 글자 하나하나가 논리 정연하게 만들어져 있다. 자음은 조음 기관을 본떠 기본자를 만들었고, 획이 하나 더해지거나 문자가 중복되면 소리의 값도 질서 정연하게 바뀐다. 자음은 다섯 개의 기본자를 배경으로 만들었는데, 종성을 표현하기 위해 새로운 문자를 쓰지 않고 초성을 가져와 쓴 것은 진실로 신의 한 수이다.

모음 역시 기본 모음과 이중 모음 사이의 관계가 임의적이지 않고 체계적이다. 예를 들어 'ㄴ'에 획수를 더해 만든 'ㄷ'과 'ㅌ'을 보자. 아무 규칙이 없이 획수를 더한 게 아니다. 동일한 조음 기관을 사용하는 자음들이다. 기본 모음 'ㅏ'에 획 하나를 더하면 이중 모음 'ㅑ'가 만들어진다. 한글과 달리 알파벳과 영어 소리 사이에는 이러한 논리가 없다.

한글은 시각적 유사성이 청각적 유사성을 동반하는 특징도 있다. 즉, 한글은 문자 모양이 비슷하면 소리도 비슷하다. 자음 'ㄱ'과 'ㅋ', 모음 'ㅡ'와 'ㅜ'를 발음해보면 비슷한 소리로 들리는 것을 확인할 수 있다. 나는 오랫동안 우리 아이들이 다니던 초등학교에서 방과 후에 한국어를 가르쳤다. 영국 학교의 아이들은 집현전 학자 정인지가 말한 것처럼 하루아침에 한글을 배운 것은 아니었지만, 아주 쉬워했고, 재미있어했고, 신기해했다.

한국인에게 한글은 최고의 문자이다. 나는 한글이 한국인뿐 아니라 세계인의 문자 체계로도 쓰일 수 있는 희망을 본다. 한글은 자음자 19개, 모음자 21개로 10,773개의 문자를 만들 수 있다. 받침을 따지지 않으면 399개의 소리 가능성을 문자화할 수 있다. 도합 11,172개의 문자로 다양한 세계 언어의 소리를 구현하는 데 부족함이 없다. 음성학자들이 쓰는 국제 음성 기호는 일반인이 이해하고 쓰기 어려울 뿐 아니라 타이핑하기도 쉽지 않다. 그런데 한글은 배우기도 쉽고 나타낼 수 있는 소리 가능성이 거의 무한하다.

물론 한글이 영어의 알파벳과 경쟁 관계를 이루기는 어려울 것이다. 영어가 세계의 언어로 더욱 굳게 자리를 잡는 요즘, 너도나도 국가의 문자를 알파벳으로 바꾸려고 한다. 과거 키릴 문자를 쓰던 곳에서도 알파벳으로 전향하는 움직임이 보인다. 그럼에도 불구하고 한글이 알파벳의 음성적인 부족함을 잘 메꿔주며 상보적인 관계를 맺는 문자로 사용될 가능성이 있다. 세종대왕은 한글이 한국을 넘어 세계인의 문자가 될 수 있도록 날개를 다는 꿈을 꾼 건 아니었을까.[10]

신조어의 킹, 한글

한글의 장점은 단어를 쉽게 받아들이고 알파벳과 소통이 원활하다는 것이다. 이런 한글의 장점을 활용한 한국인들의 '신조어 만들기 능력'은 세계 최고이다. 예를 들어 한국에서 자주 사용하는 신조어 중에 '출퇴근러', '통학러', '야망러' 같은 말들이 있다. 영어에서 접미사 'er'을 붙여서 어떤 행위를 하는 사람들을 칭하듯 '-러'를 붙인 것이다. 1음절만 붙여서 가장 필요한 말을 만들었기 때문에 매우 효과적인 소통어라고 할 수 있다.

한국인들이 사용하는 말에는 이 같은 단어가 대단히 많다. 이런 어휘는 입말에만 쓰이는 것이 아니라 언론 기사 제목 같은 공적인 글에서도 자주 쓰인다. 이를 단순히 언어 파괴라고 볼 일은 아니다. 순화나 파괴와 같은 관점을 적용했더라면 옥스퍼드 영어사전에 '치맥' 같은 단어가 '감히' 어떻게 들어갔겠는가? 사실 '치맥'은 표준국어대사전에는 없고, 국립국어원에서 관리하는 크라우드소싱 오픈사전 플랫폼 '우리말샘'에는 있다.[11]

한국 드라마를 보는 학생들은 '아아(아이스 아메리카노)', '뜨아(뜨거운 아메리카노)', '아바라(아이스 바닐라 라테)' 같은 단어들을 아주 쉽게 보고 배운다. 재미있는 사실은 한국 사람이라고 이 단어를 다 아는 것은 또 아니라는 점이다. 이런 세태를 두고 '별것을 다 줄인다'라며 '별다줄'이라는 말까지 나오니 재미있다. 영어 단어를 이렇게 잘라서 쓰는 것은 매우 효과적인 언어 전략이다. 언어학적으로 볼 때도 단어는 음성 구조가 매우 중요한데, 2~3음절 길이가 가장 중요하기 때문이다. 이런 특징은 한국어든, 영어든, 일본어든 마찬가지이다. 사람들은 편하고 효과적인 방법으로 단어를 만들어 의사소통하고, 실제로 우리 일상 언어는 이런 어휘로 채워져 있다.

한류의 인기가 세계적으로 퍼지면서 한국어도 '월드 잉글리시'처럼 전 세계 각국에서 상황에 맞게, 쓰임에 따라 다양한

me pali paliing
between tasks

●●● 한국어는 지금 전 세계에서 다양한 분야의 화자를 만나 기발한 콘텐츠를 만들어내고 있다.
핵언어 시대에 한글도 콘텐츠로서 변화무쌍하게 분열되고 개인화되고 있다.
자료: grumpyaliens의 인스타그램

형태를 띠게 되었다. 예를 들어 'nugu'는 '누구'라는 한국어 단어에서 파생되었지만, 케이팝 팬들 사이에서는 '대중에게 잘 알려지지 않은 무명 팀'을 뜻하는 명사, 형용사, 동사로 쓰인다. 전 세계 한류팬은 기존 한국어 단어의 품사나 의미, 용법에서 벗어나 새로운 세계어로서 한국어 단어를 만들어내고 있다. 이는 한류 팬덤뿐 아니라 한국에 살면서 한국어를 배우고 사용하는 사람들 사이에서도 찾아볼 수 있는 현상이다. 인스타그램에서 활동하는 'grumpyaliens'라는 그룹은 한국어 또는 한국 생활에 관련된 밈Meme을 포스팅이나 스토리로 공유하는

데, 앞 쪽의 사진은 'pali', 즉 '빨리'라는 한국어 단어를 동사 형태로 바꿔서 사용한 예이다.

영어가 각 나라나 상황에 맞게 월드 잉글리시로 확장하고 변화해나간 것처럼 한국어에서도 월드 코리안World Koreans이라는 개념이 생겨날 것이다. 이런 핵언어의 시대에 언어의 표준을 내세워 수많은 언어 사용자를 통제하기는 점점 더 불가능한 일이 될 것이다.

엘리트의 언어에서
대중의 언어로

20세기 언론에서는 엘리트의 언어가 인정받고 주목받았다. 엘리트의 언어가 문법이 되었고, 나머지 평범한 보통 사람들의 언어는 주목받지 못했다. 문법은 사회적인 약속이라고 하지만, 사실은 기득권 집단이 만들어놓은 언어 관습과 다를 바가 없었다. 예전에 다수의 사람들에게 글이란 소수의 교육받은 엘리트들이 만들어내는 창작물이었다. 보통 사람들의 이야기, 보통 사람들의 단어, 보통 사람들의 말들은 기록 없이 흘러가 사라졌다.

세계적인 문호 셰익스피어가 자기 이름도 제대로 못 썼다는 이야기가 있는데, 사실 그 시대는 철자가 안정되기 이전이었다. 문법의 가장 중요한 요소인 철자법은 주로 19세기에서 20세기에 걸쳐 정착되었다. 사실 한글도 마찬가지다. 1905년 전까지 한글은 공식적인 문자로 인정받지 못했다. 한글 철자법이 만들어진 것도 1933년 이후이다. 이전에는 한글 창제 이후로 오랫동안 소리 나는 대로 한글을 써왔다. 역사적으로는, 소리 나는 대로 쓰는 전통이 현재와 같은 철자법을 훨씬 앞서 있는 것이다.

이러던 것이 지난 15년 동안 소셜 미디어의 등장으로 급격히 변하게 되었다. 소셜 미디어에는 유명인들도 등장하지만, 대다수는 보통 사람들이다. 소셜 미디어는 대중의 언어를 고스란히 반영한다. 소셜 미디어가 언어 파괴의 주범이라고 비난을 받기도 하지만, 역사적으로 보면 비기득권의 언어는 항상 비슷한 비난과 위협을 받아왔다. 소셜 미디어의 언어, 대중의 언어는 우리가 원하든 원하지 않든 우리의 언어가 될 것이다.

2020년 코로나 이후 우리 생활에서 매우 자주 쓰게 된 단어 중 하나는 줌Zoom이다. 수업도, 회의도 줌을 통해서 했고 '줌 할까요?'라는 말은 자연스러운 표현이 되었다. 하지만 한국에서 줌은 여전히 표준어로 인정받지 못하고 있다.

옥스퍼드 영어사전은 다음 같은 예문까지 제공한다.

By now, most of us have probably Zoomed, especially

since the Coronavirus pandemic has forced most of us to stay and work from home over the last few months.

(지금쯤이면 대부분의 사람들이 Zoom을 사용해본 적이 있을 것이다. 특히 코로나 팬데믹 때문에 지난 몇 달 동안 다들 재택근무를 해야 했기 때문에 더욱 그렇다.)

표준어로 인정받지 못하는 것은 줌만이 아니다. 10년 넘게 우리말에서 수없이 많이 사용된 카카오톡은 국어사전에도, 영어사전에도 없다. 카카오톡이나 카톡의 뜻을 확인하기 위해서

표준국어대사전에 등재되어 있는 '줌'[12]

줌1「명사」「1」 '주먹'의 준말.

줌2「명사」 활의 한가운데 손으로 쥐는 부분.=줌통.

줌3「의존 명사」『역사』 논밭 넓이의 단위. 세금을 계산할 때 썼다. 한 줌은 한 뭇의 10분의 1로, 그 넓이는 시대에 따라 달랐다.

줌4(zoom)「명사」『영상』 초점 거리나 화상의 크기를 급격히 변화시키는 기능. 또는 그런 촬영 기법.

옥스퍼드 영어사전에 등재되어 있는 줌[Zoom][13]

(동사형의 두 번째 뜻)

To communicate with (a person or group of people) over the internet, typically by video-chatting, using the Zoom application.

일반적으로 Zoom 애플리케이션을 사용하여 화상 채팅을 통해 인터넷으로 (개인 또는 그룹과) 소통하다.

미래 언어가 온다

는 우선 한글이 아닌 알파벳으로 구글 검색창에 'Kakao Talk' 라고 써야 하고, 더 자세한 정보를 얻기 위해서는 위키피디아나 쿼라Quora 같은 웹사이트에 가야 한다. 대중의 삶에서 실제로 쓰이고 있는 수많은 입말이 이렇듯 기존 문자 매체에서 제대로 대우받지 못하는 위치에 있다.

초기 우리말 사전 편찬을 위한 작업에서 사투리도 크라우드소싱으로 수집한 것으로 유명하다. 영화 〈말모이〉에서 묘사되었듯이 실제 사투리 수집을 위해 들인 노력이 여러 자료에 나타난다. 영화의 주된 배경인 1940년대보다 앞서서 1935년 잡지 〈한글〉에 실린 광고에 다음 같은 대목이 나온다.

"조선어사전편찬회에서 각 지방 방언을 수집하기 위해, 사오 년 전부터 부내 각 중등학교 이상 학생을 총동원하여 하기 방학 시 귀향하는 학생에게 방언을 수집하였던 바, 이미 수집된 것이 만여 점에 이르렀습니다. 이것을 장차 정리하여 사전 어휘로 수용할 예정입니다."

당시 조선어학회는 각지에서 보내온 사투리를 잡지에 실은 것은 물론이고 학생들이 사투리 수집에 활용할 수 있도록 전용 수첩도 만들었다. 국어학자 최현배 교수(1894~1970)가 엮은 〈시골말 캐기 잡책〉이 그것이다. 주제별로 1,000여 개에 달하는 낱말을 늘어놓고 빈칸에 이에 해당하는 각 지방의 말을 적도록 했다. 머리말을 보면 '시골말'의 반대가 '서울말'이 아니란 점도 적혀 있다.

> "여기서 시골말이란 것은 대중말(標準語; 표준어)과 사투리를 아직 구별하지 않은 모든 시골(地方; 지방)의 말을 이름이니, 서울말도 서울이란 한 시골(地方; 지방)의 말로 보고서 캠이 옳으니라."

영화 〈말모이〉 마지막에는 조선어학회의 실제 조선어사전 원고가 등장해 묵직한 감동을 준다. 영화에서 이를 되찾는 과정은 상상력을 발휘한 허구이지만, 해방 직후인 1945년 9월 8일 서울역 창고에서 원고가 발견된 것은 사실이다. 그 후 발행된 사전의 서문에 다음과 같이 적혀 있다.

> "이날 원고가 든 상자의 뚜껑을 여는 이의 손은 떨리었으며, 원고를 손에 든 이의 눈에는 더운 눈물이 어리었다."

20세기 한국은 늘 서구의 것을 가져다 쓰기 바빴고, 늘 번역하기에 바빴다. 그 누구도 우리 문화에는 관심을 가지지 않았다. 우리는 그저 받아 적기 바빴고, 배움에 숨 가빴다. 하지만 이런 노력에도 불구하고 한편으로는 남녀노소 할 것 없이 영어 울렁증(공포증)과 영어 열등감이 있었다. 옛날에는 영어를 쓰는 사람을 향해 잘난 척한다는 부정적인 시선이 많았다. 하지만 이제 그런 시대는 지났다. 소위 취존(취향 존중)이 중요한 시대가 되었다. 더 이상 영어에 대한 열등감을 가질 필요가 없다는 말이다.

우리말의 어휘장은 복잡다단하고 역동적이다. 한국 대중은 이미 세계의 다양한 언어를 한국의 맥락에 맞게 지역화(localize)하고 있다. 새로운 언어 밭에서 새로운 단어로 거듭나듯이 단어의 지역화가 이뤄지고 있다. 미래 세대의 미래 언어는 어려운 개념이 아니다. 이렇게 대중이 실제 삶 속에서 만들어낸 언어가 바로 미래 세대의 언어 가운데 하나인 것이다.

미래 언어는 초국적인 언어이다. 따라서 순우리말, 한국인이 쓰는 한국어만 강조하는 것은 한글이 세계의 문자어로 도약하는 길에 방해물이 된다. 한글의 국제화를 위해서는 우선 미래 언어가 국적을 초월해서 존재한다는 사실을 깨닫고 인정해야 한다. 한글 순화와 같은 국가 중심적인 담론은 이제 그만 내려놓는 열린 자세가 필요하다.

한자 문화권에서 한류 문화권으로
전환하는 새로운 흐름

2020년을 전후해 아주 중요한 문화적 전환이 이루어지고 있다. 그건 바로 한자 문화권이 한류 문화권으로 바뀌고 있는 현상이다. 미국의 디지털 출판 플랫폼 '이슈ISSUU'가 발행한 〈2023년 지구촌 한류 현황 분석 보고서〉에 따르면, 전 세계 한류 팬의 규모는 2억 2,500만 명에 달하며 그중 한자 문화권인 아시아 지역 팬이 상당 부분을 차지하는 것으로 나타났다.

영국의 문화 이벤트 마케팅 전문기업인 〈티케팅 비즈니스 뉴스The Ticketing Business News〉도 2024년 3월에 한자 문화권의 중심지인 중국의 한류 팬이 무려 8,400만 명을 넘어섰다는 통계를 발표했다. 바야흐로 한류 문화권은 중국을 넘어 아시아 전역으로 뻗어가고 있다. 참고로 베트남에서는 초등학교부터 한국어 교육을 시작했고 인도와 태국에서는 한국어가 제2외국어로 지정되었다.

물론 한류 문화권이 아시아에 한정되는 것은 아니다. 2023년 미국의 여러 대학에서 한국어 강의가 개설되자마자 정원이 꽉 찼다고 한다. 미국 공영 라디오 프로그램인 〈The World from PRX〉는 "미국에서 한국어는 중국어와 스페인어를 넘어 가장 빠르게 학습자가 늘어나고 있는 외국어가 되었으며, 연간 2만여 명의 대학생이 한국어 수업을 수강한다"라고 밝혔다.

한류 문화권의 특징은 배타적이지 않고, 역동적이며, 포용력이 강하다는 점이다. 다른 문화에 개방적이고 활력이 넘친다는 점도 간과할 수 없다. 한류의 핵심인 케이팝 아이돌 그룹만 봐도, 다양한 국가 출신이 참여하고 있다. 전 세계 다채로운 글로벌 스트리밍 플랫폼에서는 한국 드라마와 영화가 큰 인기를 끌고 있다. 한류 팬덤은 전 세계 거의 모든 국가에 존재한다. 한류 콘텐츠도 영화·드라마·음악·웹툰·게임 등 장르를 가리지 않는다.

앞으로도 한류 문화권을 주목해야 하는 이유가 있다. 한국어는 한류 문화권의 중심 언어로 자리 잡고 있기 때문이다. 앞서 예로 들었던 아시아 국가들 외에도, 일본과 대만 그리고 홍콩은 이미 한류의 세계 최대 소비 국가가 되었고 중국과 인도에 이은 인구 대국 인도네시아도 한류에 빠르게 빠져들고 있다. 한편 영국과 프랑스를 비롯한 서유럽에서 한류 열풍이 계속되고 있다.

거듭 강조하지만, 한국어는 더 이상 한국 사람들만의 언어가 아니다. 한류 문화권에서 한국어는 케이팝, 케이드라마, 패션 등 다양한 한류 문화의 측면을 접하고 이해하는 데 필수적인 도구가 되고 있다. 미래 한국어는 한국에서 한국인들이 만드는 것이 아니라 바야흐로 앞으로 한국어는 전 세계 한류 팬의 문화 소비와 함께 실시간으로 새롭게 만들어지고 있는 것이다.

한류 문화권의 확산은 한국어와 다른 언어 간의 상호작용을 증가시키며, 혼종 언어의 사용이 늘어날 가능성이 크다. 한글은 패션, 디자인, 광고 등 다양한 분야에서 하나의 아이콘으로 자리 잡아 문화적 가치를 높이고 있다. 또한, 한국 정부와 언어 학계는 한국어와 한글의 세계화를 지원하기 위한 정책과 연구를 강화하고 있다. 전 세계 여러 국가에서 한국어 교육 프로그램이 증가하면서 한국어는 더 이상 한국인만의 언어가 아닌 글로벌 언어로서 역할을 할 것이다.

3

사유화되는
언어들

"말과 용어는 우리의 사고방식을 형성하고,
우리가 생각할 수 있는 것들을 결정한다."

_ 벤자민 리 워프, '언어 상대성이론'의 선구자

'짜파구리'의 주인은 누구인가

　미래 언어에서는 어휘 변화가 가장 극명하게 나타날 것으로 예상된다. 다른 요소에 비해 어휘와 단어의 변화는 우리 일상생활에서 쉽게 관찰할 수 있다. 국립국어원은 매년 신어 자료집을 내는데, 사실 너무나도 많은 단어가 지금 이 순간에도 만들어지고 또 사라지고 있기 때문에 이 신어의 속도를 따라잡는 게 쉽지 않다. 또한 신어는 단순히 어휘에만 국한되지 않는다. 제스처 역시 해당한다. 케이팝 문화와 함께 새로운 제스처도 계속 등장하고 국경을 넘어 사용되고 있다. 한국 아이돌 가수가 자주 사용하던 손가락 하트 제스처는 청년들뿐 아니라 이제 모두가 사용하고 있고 심지어 조 바이든 미국 대통령까지 쓰고 있다. 손가락 하트는 이모지로도 만들어졌다. 이런 손가락 하트가 한국어인지, 영어인지는 이모지 사용자에게 중요하지 않다.

날마다 수많은 단어들이 새롭게 만들어지는데, 그 모든 단어가 살아남는 것은 아니다. 어떤 단어는 승승장구하며 세계인의 단어가 되기도 하고 어떤 단어는 얼마 못 가 사라지기도 한다. 단어를 보관하는 곳이 사전인데, 이제는 점점 그 가치를 상실하고 있다. 사람들은 모르는 단어나 아이템이 나오면 사전을 찾는 대신 구글이나 아마존이 필터링한 검색 결과를 보며 이름을 찾아볼 것이다. 무한 언어 시대에 사전은 이미 유물이 되어 가고 있다.

봉준호 감독의 영화 〈기생충〉에는 짜파구리에 스테이크를 곁들여 먹는 장면이 나온다. 짜파구리를 영어로 번역하기는 쉽지 않았을 것이다. 짜파게티와 너구리, 한국인에게나 매우 익숙한 두 라면의 합성어일 뿐이기 때문이다. 〈기생충〉을 영어로 번역한 달시 파켓Darcy Paquet은 고민 끝에 라면과 우동의 합성어

미래 언어 트렌드 '키워드 드리븐 마케팅 Keyword-Driven Marketing' 전략이란?

키워드 드리븐 마케팅이란 특정 단어를 소비자에게 지속적으로 노출시킴으로써 관심을 끌고 행동을 유도하는 전략이다. 키워드 드리븐 마케팅 전략에서는 단어의 의미, 발음, 사용 폰트, 그 단어가 쓰인 특별한 상황, 단어와 함께 제시된 시각적 이미지 그리고 그 단어를 사용한 사람의 정체성이 모두 중요한 요소로 작용한다. 최근에는 그 키워드를 유행시킨 사람이 누구인가에 따라 성패가 갈리기도 한다. 키워드 드리븐 마케팅의 탁월함은 특정 키워드가 어떤 감정 반응을 일으키는지, 시장의 문화와 밈은 무엇인지 파악하고 강렬하며 기억에 남는 슬로건을 만들어낼 줄 아는 데서 시작된다.

인 람돈Ramdon이라는 단어를 만들어냈다. 이 람돈, 즉 짜파구리는 영화가 인기를 끌면서 매출도 크게 올라갔다. 농심은 아예 짜파구리를 단일 상품으로 선보이기까지 했다. 이렇게 새로운 단어와 새로운 상품은 함께 움직인다. 이렇게 설명하면 일견 쉬워 보이지만, 마케팅 메시지나 광고에서 특정 '키워드'를 소비자에게 지속해서 제공하여 구매 행동을 유도하거나 반응을 이끌어내는 전략은 생각보다 단순하지 않다.

아마존의 ramen과
스타벅스의 tall 사이즈

앞으로 단어에서는 국적, 기원보다 소비자의 취향이 중요해질 것이다. 아마존에 'Ramen'을 검색했더니 'Nong Shim SHIN Ramyun'이 가장 첫 번째로 나온다. 소비자에게 중요한 것은 이 음식이 원래 일본, 한국, 중국 가운데 어디에서 시작되었는지, 단어의 어원이 어떻게 되는지, 무엇이 맞는 철자인지가 아니다. 아마존에 Ramen을 검색했을 때 뭐가 뜨는지가 중요하다. 소비자들의 취향이 새로운 단어, 언어를 만들어 간다. 이런 현상은 앞으로 더욱 심화할 것이다. 전 세계적으로 언어와 문화가 용광로처럼 섞여 가고 있기 때문이다.

글로벌 브랜딩도 마찬가지이다. 언어의 기원이나 순수한

의미의 중요성은 줄고 있고, 그 대신에 다양한 전 세계 고객에게 효과적으로 공감을 불러일으킬 수 있는 혁신적이고 융합이 가능한 단어를 만드는 역량이 더 중요해졌다. 예를 들면 페덱스FedEx는 페더럴 익스프레스Federal Express의 약자로, 특급 우편 서비스에서 유래한 이름이다. 그루폰Groupon은 '그룹'과 '쿠폰'을 결합하여 소비자 그룹을 위한 거래 및 할인 혜택을 강조한다. 유튜브YouTube는 '당신'과 '튜브'의 조합으로, 사용자 제작 동영상 콘텐츠에 중점을 두고 있음을 직관적으로 보여준다. 링크드인LinkedIn은 '링크'와 '인'을 융합하여 전문적인 네트워킹과 인맥을 강조한다. 인스타그램Instagram은 '인스턴트'와 '텔레그램'을 결합하여 순간을 빠르게 공유하는 데 중점을 둔다는 점을 강조한다. 오늘날의 브랜딩 세계에서 하이브리드 단어를 효과적으로 사용하면 독특하고 기억에 남는 브랜드 아이덴티티를 만들 수 있다.

과거에 언어는 국가 차원에서 관리되는 대상이었다. 표준화된 언어는 국민들을 교육하고 통제하는 데 필수적인 조건이었다. 그리고 세계적으로는 국가의 권력에 따라 언어도 힘을 가질 수 있었다. 하지만 미래 언어를 지배하는 것은 과거 같은 강대국이 아니라 글로벌 기업이다. 글로벌 기업이 정하는 언어가 미래를 지배한다. 영문법이 아닌 기업의 매뉴얼이 영어의 매뉴얼이 되어 간다.

맥도날드는 접두사 맥Mc을 포함한 단어의 상표권을 보호하는 데 매우 열심이다. 2019년, 아일랜드의 패스트푸드 체인점 수퍼맥Supermac's이 유럽에 진출하려고 한 적이 있다. 그러자 맥도날드 측은 수퍼맥의 이름이 소비자에게 혼돈을 줄 수 있다는 이유를 들며 이것이 맥도날드의 상표권을 침해한다고 주장했다. 수퍼맥은 '맥Mc'이 아일랜드나 영국, 유럽 성씨에서 흔히 볼 수 있는 것임을 주장했고, 결국 맥도날드는 이 소송에서 패했다. 하지만 이는 전 세계 언어에서 특정 접두사를 독점하려는 맥도널드의 강한 의지를 보여준다.

기업이 특정 단어를 독점하려는 것은 비단 맥도날드만의 이야기가 아니다. 애플은 아이폰iPhone이나 아이맥iMac에 포함되는 알파벳 소문자 'i'를 선점했다. 구체적으로 대문자 I가 아닌 소문자 i를 특정한 것이다. 스타벅스는 컵 사이즈를 표현하는 어휘에 톨tall, 그란데grande, 벤티venti 등으로 영어와 이탈리아어가 섞여 있다. 길이가 길거나 키가 크다는 뜻의 톨이 작은 사이즈가 되고, 크다는 의미의 이탈리아어 그란데와 숫자 20을 뜻하는 이탈리아어 벤티가 섞여 있다. 하지만 뒤죽박죽 섞인 것처럼 보이는 이런 어휘들도 스타벅스의 국제적인 영향력에 힘입어 커피 사이즈 단위의 기준처럼 여겨지고 있고 모두가 자연스럽게 받아들이고 있다.

마찬가지로, 교육기관에도 글로벌 기업의 영향이 미치는

것을 목격할 수 있다. 현재는 아니지만 옥스퍼드대학에서는 모든 교직원들이 따라야 하는 옥스퍼드식 철자가 있었다. 영국식 영어를 기반으로 둔 규범이었다. 이런 전통을 버리게 된 원인은 다들 워드프로세서로 마이크로소프트의 소프트웨어를 쓰기 시작하면서부터다. 마이크로소프트는 centre(센터), colour(컬러), humour(유머) 같은 영국식 철자에 빨간 밑줄을 그어버렸기 때문이다. 이런 상황에서 옥스퍼드 방식을 고수하기는 어려웠다. 결국에는 옥스퍼드대학에서도 마이크로소프트 소프트웨어의 규정을 따르게 되었다. 이는 마치 언어의 자유 무역Free Trade of Languages과 비슷하다. 로마에 가면 로마의 법을 따르라는 말은 이제 옛말이다. 국가의 경계는 점점 희미해지고 있다. 이제는 맥도날드, 애플, 구글, 스타벅스 등 대기업이 지정하는 대로 영어가, 세계 언어가 만들어지고 있다. 슈퍼마켓에서 일상적으로 볼 수 있는 상품의 이름이 우리의 언어에 자연스럽게 입장한다. 상품의 이름에는 엄격한 규칙이 존재하지 않는다. 더 많은 매출을 위해 마케터들이 심혈을 기울이는 네이밍이 새로운 언어 규칙을 만든다. 이때 언어는 국적을 초월한다(transnational). 더 이상 언어는 특정 국가, 민족, 지역의 대화 수단이 아니다. 글로벌 기업의 전 세계 진출과 무역에 따라 함께 이동하고 있다.

언어의 자유 무역은 이미지 언어에도 해당된다. 한 예로 어느새 인공지능 기능을 표현하는 상징으로 불꽃 이모지(🔥)가 사용되고 있다. 구글이나 노션 같은 IT 기업에서 인공지능 기술을 강조하기 위해 그 이모지를 쓰기 시작했기 때문이다. 우리가 매일 사용하고 있는 이모지는 애플이나 구글 등 이모지를 제공하는 기업의 지적재산권에 해당한다. 애플의 개인화 이모지인 미모지memoji도 각 사용자가 만들 수 있지만 미모지의 소유권은 애플이 가지고 있다. 특정 기업들의 커뮤니케이션이 사람들의 이미지 언어를 끌어가고 있는 것이다.

생성형 언어, 생성형 이미지의 기반이 되는 데이터베이스에 대해서도 지적재산권 이슈가 많이 발생하고 있다.[1,2] 이러한 인공지능을 개발하기 위해서는 거대한 규모의 데이터가 필요하다. 예를 들어, 챗GPT-3의 경우 웹 데이터 크롤링을 해주는 커먼 크롤Common Crawl 데이터세트를 포함해 웹페이지에 포함된 텍스트의 비중이 가장 크고, 도서나 위키피디아의 데이터도 포함되어 있다. 네이버 하이퍼클로바의 경우 네이버 블로그, 카페, 뉴스, 댓글, 지식인 등 네이버 서비스에서 수집된 데이터를 바탕으로 개발되었다. 온라인상의 수많은 콘텐츠, 포스팅이 인지하지 못한 사이 인공지능 개발에 사용되는 것이다. 이와 관련해 세계 최대 이미지 사이트인 게티이미지나 일러스트레이터들이 이미지 생성 인공지능 회사를 상대로 무단 데이터 사용에 대해 고소를 진행하기도 했다.[3]

'보라해'라는 단어는
주인이 있습니다

　미래에는 특정 언어가 특정 기업의 소유가 되는, 언어의 상업화·사유화가 활발하게 일어날 것이다. 언어의 기원, 국적의 개념보다 지적재산권의 개념이 중요해지고 있다. 사유화의 대상은 문자뿐만 아니라 기호로, 이미지로 확대되고 있다. 새로운 단어와 어휘를 끊임없이 만들고 선점하려는 이러한 무한 단어의 시대에 단어는 크나큰 힘이 될 것이다.

　방탄소년단의 팬덤 아미ARMY가 사용하는 아주 대표적인 단어로 '보라해Borahae'가 있다. 처음 들었을 때는 보라해가 무슨 뜻인지 추측하기 어렵다. 사실 이 보라해라는 표현은 방탄소년단의 멤버 뷔가 색깔 '보라'와 동사 '하다'를 합쳐서 만든 신조어로, 무지개의 마지막 색깔인 보라색에 팬덤을 아끼는 의미를 담아 만든 것이다. 한 개인이 만든 이 단어는, 그룹과 팬덤 내에서의 애정, 사랑을 나타내는 말로 자리 잡았다. '보라하다'라는 단어는 실제 사전에 존재하지 않는 활용형 단어지만, '보라해' 자체가 하나의 단어로 사용된다. 한글로 쓰인 보라해 혹은 알파벳으로 쓰인 borahae를 보며 이것은 한국어인가, 영어인가 고민할지 모른다. 하지만 국적은 중요하지 않다. 방탄소년단과 그 팬덤은 그 단어가 가진 국적을 초월해 그들만의 언어로 만들었다. 새로운 단어를 창조했을 뿐만 아니라 보라색이라는 색깔, 보라색 하트 모양 이모지까지 그들의 상징이 되기도 했다. 맥도날드는 이것을 놓치지 않았다. 2021년에 방탄소년단과 컬래버로 'BTS meal'을 출시하면서 메인 컬러도 보라색으로 정하고 '보라해' 문구도 패키지에 크게 넣었다. 소속사 하이브HYBE는 '보라해'에 대한 상표권을 신청했으나 특허청은 이를 기각하고 해당 용어에 대해 뷔의 소유권만을 인정했다.4 평소에 자주 쓰고, 이모티콘까지 있기는 하지만, '보라해'라는 말의 소유권은 뷔에게 있다는 것이다. 결과적으로 언어가 사유화될 수 있다는 또 하나의 선례가 되었지만, 'i'를 선점한 애플과 달리 기업이 아니라 팬들을 사랑하는 뷔 개인이 보라해의 소유권을 가지게 된 것은 무척 다행이라고 할 수 있다. 이렇듯 단어 하나가 사람들의 행동에 큰 영향을 미친다. 단어가 가진 힘, 특히 신조어가 가진 힘이다.

이외에도 비거뉴어리Vegannuary라는 또 하나의 유명한 신조어가 있다. 비건주의라는 'Vegan'과 1월 'January'를 합친 단어이며 1월 한 달 동안 비건 생활 양식을 행하는 것을 뜻한다. 이 단어는 사실 2014년에 한 부부가 비건식을 알리기 위해 만든 프로젝트의 이름이었다.5 개인이 만든 이 단어는 이제 1월이 되면 세계 여러 나라의 식당, 마트, 어디에서든 볼 수 있게 되었다. 이 단어가 유행하자 요식업계는 트렌드에 발맞춰 1월 한

달 동안 비건 식품과 요리를 주력으로 선보이게 되었다. 요식 업계의 의사결정에 따라 소비자들의 소비 행동과 식사 문화도 변화한 대표적인 예이다.

이러한 신조어, 단어, 어휘는 프랑스의 사회학자 피에르 부르디외Pierre Bourdieu가 말한 문화 자산cultural capital 즉, 아비투스habitus와도 관련이 있다. 새로운 어휘에 대해 잘 알고 있는 것, 이런 어휘를 만들 수 있는 능력은 아주 중요하다. 사전에서 찾을 수 있는지 없는지가 중요한 게 아니다. 신조어는 특히 주로 사회적·문화적 트렌드를 가장 밀접하게 반영한다는 점에서 매우 중요하다. 보라해, 비거뉴어리를 마케팅에 활용한 회사들에서 볼 수 있듯이 마케터들은 새로운 단어가 가진 가치를 꿍장히 잘 알고 있고 항상 발 빠르게 움직인다. 새롭게 만들어지는 어휘에 관심을 기울이고 잘 알고 있는 사람만이 혜택을 누릴 수 있다.

기업이나 개인이 자사 제품, 서비스, 정체성을 독점하기 위해 특정 용어를 상표로 등록하는 사례가 점점 증가하고 있다. 이제 언어는 단순한 의사소통의 도구를 넘어 특정한 상업적 가치를 지니고 기업과 개인의 재산이 되고 있다는 의미이기도 하다.

아마존은 복잡한 과정 없이 단 한 번의 클릭으로 구매를 완료하는 기술을 온라인마켓에 적용한 후 '1-Click'이라는 용어를 상업적으로 사유화했다. 비슷한 예로 '테이저건Taser gun'의 제조사 액슨Axon은 자사 제품이 유명해져서 '테이저'가 보통명사처럼 쓰이자, 다른 전기충격기 제조사가 'taser'라는 용어를 쓰지 못하게 했다.

4

멀티 모달
교육

"미래의 문맹자는 읽고 쓸 줄 모르는 사람이 아니라 배우고(learn), 배움을 잊고(unlearn), 새로 배울(relearn) 줄 모르는 사람을 가리킬 것이다."

_ 앨빈 토플러, 미래학의 대가

미래 언어의
문해력이 필요하다

2022년 11월, 챗GPT의 등장 이후 우리 삶은 이전과 비교할 수 없을 만큼 변했다. 영화에서나 보던 휴머노이드 로봇과의 공존은 이제 현실이 되어 가고 있다. 1822년, 사진이 발명되었을 때 예술계가 받았던 충격이 지금 우리가 받고 있는 충격과 비슷하지 않을까? 거대 언어 모델의 등장으로 가장 크게 변하고 있는 것 중 하나는 우리의 언어, 그리고 언어생활이다. 학교에 몸담고 있는 나는 앞으로 교육과 교육자의 역할도 크게 변화할 것으로 전망한다. 부모 세대가 미래 세대에게 가르쳐 줄 수 있는 것보다 배워야 하는 것이 더 많아질 것이다.

현대를 살아가는 사람들은 어떤 기준으로 세대를 나눌 수 있을까? 사회 변화의 트렌드와 사회적 이슈에 관한 정보를 대중과 정책 입안자들에게 제공하는 미국의 퓨 리서치 센터^{Pew}

Research Center에 따르면, 세대란 '사람들의 출생 연도를 기준으로 15~20년 기간마다 나눠 놓은 집단'으로 볼 수 있다.[1] 최근 한국 사회에서는 1946~1964년 사이에 태어난 베이비붐세대가 가장 높은 연령대의 집단이다. 그다음으로는 1965~1980년 사이에 태어난 X세대와 1981~1996년 사이에 태어난 밀레니얼세대(M세대)가 있다. 이어서 1997~2012년 사이에는 Z세대가 태어났고, 그 이후 태어난 아이들을 알파세대라고 부른다. 태어나고 자란 시대에 따라, 세대 간에 서로 다른 가치관을 가지고 있다. 따라서 X세대와 Z세대, 밀레니얼세대와 알파세대 등 세대와 세대 사이에는 언어의 차이, 소통의 차이가 존재한다.

미래 사회의 주인은 미래 세대이고, 이 미래 세대와 우리가 원활하게 소통하기 위해서는 미래 세대의 언어를 이해해야 한다. 최근 몇 년 동안 우리는 미래 세대의 언어에 대해 무엇을 생각해 왔을까? 가장 먼저 떠오르는 것은 미래 세대의 문해력이 낮아서 걱정된다는 기성세대의 시각이다. 하지만 관점을 미래 세대에서 우리 자신에게 옮겨보자. 사실 기성세대는 미래 세대의 문해력을 걱정하기에 앞서 자신들의 '미래 언어 문해력'부터 돌아봐야 한다. 미래는 미래 언어를 소유한 사람들의 것이다. 미래 세대와 함께 미래를 살아가기 위해서, 미래 언어를 이해하고 준비하는 통찰력이 바로 오늘, 필요하다.

디지털 네이티브
이해하기

우리 막내 아이 제시Jesse는 2012년에 태어났다. 코로나 팬데믹 때문에 학교 교육이 중단되었을 때 제시는 거의 2년 동안, 즉 초등학교 교육의 3분의 1에 해당하는 커리큘럼을 온라인으로 수강해야 했다. 사실 2024년까지도 학교 과제 대부분은 인터넷으로 하고 있다. 제시에게는 인터넷이 일상이다.

태블릿PC가 널리 사용된 이후에 태어난 제시는 어릴 때부터 컴퓨터와 아이패드를 다룰 줄 알았다. 아직 글을 쓸 줄 몰랐을 때는 이모티콘을 사용했다. 요즘에는 친구들과 메타버스 플랫폼 '로블록스Roblox'에서 만나 게임을 한다. 대부분의 부모들은 '로블록스'라는 플랫폼을 잘 모른다. 또한 제시는 아주 어릴 때부터 자동 수정 기능에 익숙했다. '시리Siri'가 항상 정확한 철자를 알려주는데 어째서 철자를 배워야 하느냐고 종종 나에게 묻곤 한다. 답하기 쉬운 질문이 아니다. 제시와 친구들은 해외에 계신 조부모님이나 친척들을 직접 만나기보다 인터넷으로 더 자주 만난다. 이 아이들의 삶은 어떤 형태로든 인공지능과 연결되어 있으며, 인공지능이 관여하는 콘텐츠, 앱, 미디어가 아이들의 삶을 형성하는 주된 방식이다.

'디지털 네이티브Digital Native'는 미래 교육자이자 글로벌 미래교육재단의 설립자이기도 한 마크 프렌스키Marc Prensky가 2001년에 만든 용어이다. 그는 교육 기술 분야의 권위 있는 저널 《온더호라이즌On the Horizon》에 기고한 〈디지털 네이티브, 디지털 이민자Digital Natives, Digital Immigrants〉는 글에서 '디지털 네이티브'를 '컴퓨터, 휴대전화을 비롯한 디지털 기기에 둘러싸여 자란 사람들'로 정의했다.

하지만 엄밀히 말하자면 당시 프렌스키가 언급했던 기기와 기술은 지금의 것들과 차이가 있다. 2001년 당시 대부분의 인터넷은 아직 전화선을 이용했고 휴대전화도 초기 단계였기 때문이다. 그 이후로 인터넷 기술이 급격하게 발달하면서 우리도 극적인 디지털 경험의 변화를 겪었다. 이제는 디지털 네이티브를 초월하여 태어나면서부터 새로운 디지털 경험을 해온 세대를 가리키는 말이 필요하다. 그래서 나는 '인공지능 네이티브'라는 용어를 만들게 되었다.

인공지능 네이티브의 기준은 다음과 같다.

첫째, 인공지능과 상호작용을 하는 게 일상생활에서 자연스러운 일이라고 생각한다.

둘째, 인간 선생님과 공부하는 것보다 인공지능의 도움을 받아 혼자 학습할 때 더 편안함과 안정감을 느낀다.

셋째, 정보나 도움을 구할 때 인간과의 상호작용보다 인공지능 기반 기술을 사용하는 것을 선호한다.

넷째, 나의 질문에 대한 인공지능의 답변을 사람의 답변만큼이나 신뢰한다.

다섯째, 사람들과 대화하고 교류하는 것보다 인공지능 기반 기술을 활용하고 인공지능과 소통하는 데 더 많은 시간을 할애하길 원한다.

여섯째, 다양한 업무 상황에서 인공지능 음성 비서를 자연스럽게 사용할 수 있다.

일곱째, 인공지능 음성 비서와 대화하거나 인공지능 기반 기술을 사용할 때 두려움이나 불안감이 없다.

여덟째, 인공지능이 전반적으로 인류에게 긍정적인 영향을 미치며, 사회 문제를 일으키기보다는 기존 문제를 해결해 줄 것이라고 기대한다.

아홉째, 향후 인공지능이 초래할 수 있는 윤리적 문제를 인식하고 있으며, 이에 대해 학습하고 주의를 기울일 의향이 있다.

열째, 새로운 인공지능 기술과 애플리케이션을 탐구하는 데에 호기심과 열정을 가지고 있다.

열한째, 인공지능이 업무 효율성을 높여준다고 믿는다.

열둘째, 인공지능 기술이 일상생활의 편의성과 업무 생산성 향상에 기여했다고 생각한다.

열셋째, 인공지능의 알고리즘이 학습 속도와 문제 해결 능력 제고에 긍정적인 역할을 한다고 본다.

열넷째, 일상생활의 다양한 분야에서 새로운 인공지능 도구와 솔루션을 적극적으로 활용하고자 한다.

Z세대와 알파세대 그리고 그 이후의 미래 세대는 기본적으로 모두 '인공지능 네이티브'이다. 인공지능은 이들 세대의 친구이고, 가상세계는 놀이터이다. 인공지능과 가상세계는 학습을 포함한 일상에서 필수적인 요소가 될 것이다. 요즘 아이들, 즉 인공지능 네이티브는 인공지능과 상호작용하는 것이 자연스럽고 일상인 세상에서 태어났다. 이런 아이들에게 인공지능을 사용하지 말라고 하는 것은 불합리하다. 마치 펜과 종이 세대에게 사전 찾기를 금지하거나, 밀레니얼세대에게 구글 사용을 금지하는 것과 같다. 인공지능 네이티브에게 인공지능 사용을 허용하거나 인공지능에 관해 교육하는 것은 싫든 좋든 이미 결정된 사안이다. 우리는 미래 세대가 인공지능을 더 용이하게, 제대로 사용하도록 가르치고 도와야 한다. 예를 들어, 인공지능에게 도움을 받되 전적으로 의존하지 않고 스스로 과제를 하는 법, 인공지능 사용 과정에서 부딪히게 될 수도 있는 비윤리적인 부분을 알려줘야 한다.

사실 나는 인공지능 네이티브에게 인공지능을 교육하면서 크게 깨달은 바가 하나 있다. 내가 가르칠 게 별로 없다는 것이었다! 아이들은 나보다 인공지능에 관해 더 잘 알고 있었다. 2023년에 체코에서 일주일간 인공지능과 관련해 집중 워크숍을 진행했다. 참가자들은 모두 20대 초반이었다. 원래의 계획은 참가자들에게 다양한 디지털 도구 사용법을 가르치는 것이었지만, 워크숍을 시작하고 얼마 지나지 않아 참가자들은 디지털 공간을 능숙하게 탐색할 수 있게 되었다. 내 역할은 인공지능 관련 기술이나 도구의 사용법을 가르치는 것이 아니라, 그러한 기술과 도구들을 참가자들에게 알리고 이해시키는 것임을 깨닫게 되었다.

Z세대도, 알파세대도, 디지털 공간을 마음껏 돌아다니기 위해 태어난 세대이다. 이들에게 인공지능 역량은 삶에 꼭 필요하다. 이들은 인공지능 도구를 마음껏 활용하면서 생산적인 삶을 살아갈 수 있다. 그리고 사실을 말하자면, 이들뿐 아니라 나머지 다른 세대도 인공지능 역량을 반드시 가져야 하는 시대를 살게 되었다.

멀티 모달 시대의
언어능력

한국은 2025년부터 종이 교과서를 대체하는 인공지능 디지털 교과서를 도입하고 수학, 영어, 정보 기술 학습의 능률을 향상하기 위해 학생 개개인의 학습 수준에 맞춘 디지털 도구를 제공할 계획이다.

한국의 인공지능 기반 교육 혁신

초등학교 5학년 A군은 인공지능을 이용해 영어를 공부하면서 말하기와 쓰기 능력에 더 큰 자신감을 갖게 되었다. 인공지능은 A군이 영어로 작문하면 철자와 문법을 검토하여 정확하게 교정하고 몇 가지 더 좋은 문장을 제시해준다. 영어로 말하기에서는 인공지능은 문법은 물론이고 발음과 억양을 바르게 하도록 도와준다. 영어뿐 아니라 코딩하기나 악기 연주하기에서도 궁금하거나 어려운 게 있으면 교사보다 인공지능에게 마음 편히 묻고 조언을 얻는다.

이러한 인공지능 수업 혁신은 정부가 주도하고 있다. 교육부는 2024년을 기점으로 3년 동안 초·중·고 1만 2,000개 학교를 대상으로 인공지능 디지털 교과서 시제품 실습과 교사 연수를 진행하기로 했다.

물론 인공지능 디지털 교과서 등을 이용한 인공지능 기반 교육은 교육 체계 전체로 봤을 때 아직 시작 단계이다. 하지만 궁극적으로 이는 암기 위주의 교육 문제를 해결하고 미래 세대가 인공지능과 함께하는 언어생활을 주도할 수 있게 할 것이다.

우선 2026년까지 첫 번째 시행 단계를 거친 후 교육 당국은 인공지능 기반 교육 프로그램을 다른 과목으로 확대할지 여부를 결정할 것이다. 교육 분야의 변화 속도가 매우 빠르기 때문에 '읽다'와 같은 전통적인 학습 동사는 조만간 사장될지도 모른다. '읽다'라는 동사는 주로 책이라는 형식의 문어를 해석하고 해독하는 데 사용된다. 하지만 시각 위주의 미디어로 가득 찬 인공지능 시대에는 문자를 읽고 해독하는 것보다 '시각적 스캔'에 더 크게 의존하게 될 것이다. '읽다', '쓰다' 같은 동사,

종이책 같은 미디어는 다른 무언가로 변화하거나 심지어 희귀해질 수도 있다. 사람들이 가상세계 속 인공지능 기반 자료를 활용하게 되면 '읽다'라는 단어를 지금처럼 일상적으로 사용하지는 않게 될 것이다. 읽다라는 동사가 어색해지는 반면에 '체험하다' 같은 동사는 전보다 더 익숙해질 날이 머지 않다.

미래 세대의 미래 언어에서 '쓰기'라는 개념도 기성세대의 쓰기와 무척 다를 것이다. 영국의 중·고등학교에서는 졸업 시험인 GCSE와 A-Level에서 시험 답안을 손으로 쓰지 않고 타이핑하도록 바뀔 예정이다.[2] 요즘 아이들에게 익숙하지 않은 손 글씨 대신에 타이핑을 도입하는 게 시험의 공정성과 접근성을 높이는 방법이라는 사실을 교육 당국이 인정한 것이다. 또한 학생들이 현대사회에 필요한 기술을 갖춰야 한다는 필요성도 함께 강조한 결과이기도 하다. 이에 따라 영국은 2026년에 GCSE 이탈리아어와 폴란드어 과정 일부를 디지털 방식으로 평가하는 것을 시작으로 하여 2030년에는 영어를 포함한 다른 과목에도 적용할 가능성이 있다고 한다.

기성세대는 미래 세대가 인공지능 네이티브라는 사실을 분명히 알아야 한다. 인공지능을 통한 스마트 교육, 스마트 문해력은 더 이상 선택이 아니라 필수이다. '한국의 인공지능 기반 교육혁신'에서 예로 들었듯이 인공지능 네이티브들은 에듀봇과 공부하면서 부담감이나 스트레스를 극복하며 마치 게임을 할 때처럼 즐거움을 얻고 스스로 학습 동기를 얻을 수 있다. 미래 세대에게 에듀봇은 선생님이자 친구인 셈이다. 알파세대는 가상의 반려동물을 현실의 반려동물과 똑같은 마음으로 돌보고 사랑한다. 메타버스 같은 가상세계에서는 수학을 게임처럼 즐기며 공부한다. 한국의 초등학생 조카는 과학을 공부할 때, 가상현실에서 배추흰나비를 키우며 그 성장 과정을 관찰한다. 인공지능 네이티브들은 기성세대가 상상하지 못했던 방식으로 학습하고 있다.

2023년 11월, 영국에서 열린 제1회 인공지능 안전 정상회의AI safety summit에서 영국 총리 리시 수낵은 인공지능을 활용한 세계 최고 교육 시스템을 만들겠다고 공언했다.[3] 이와 관련해 나는 2023년 가을에 영국 교육부 관계자들과 함께 한국 교육부를 방문했다. 영국 교육부 관계자들은 한국의 교육 기술이 영국보다 최소한 5년은 빠르다고 말했다. 한국의 인공지능과 가상세계 교육은 세계 최고 수준이다. 예전에는 한국이 다른 나라로부터 열심히 기술을 배워왔다면, 지금은 시대가 바뀌어 그 나라들이 한국을 배우고 있다. 한국 학생들은 2025년부터 세계 최초로 인공지능 교과서로 학습하게 된다. 인공지능 교과서를 통해 기존의 평균 중심, 지식 전달 중심 교육을 넘어서 개별화와 차별화 교육을 받게 될 것이다. 미래 세대의 교육의 형태가 바뀜에 따라 미래 언어에 대한 담론도 변화해야 하는 시기이다.

멀티 모달 시대의
활자와 책

철학자 루트비히 비트겐슈타인은 〈논리철학 논고〉에서 "언어의 한계는 우리 세계의 한계를 의미한다The limits of my language mean the limits of my world"라는 말을 남겼다. 개인이 가진 언어의 크기는 곧 그 자신의 세계의 크기가 된다. 그만큼 언어의 크기를 키워야 세계가 클 수 있다는 뜻이기도 하다. 미래 세대 언어의 힘은 단어에 있다. 열린 생각으로 언어를 역동적으로 쓸 수 있는 사람이 미래 언어의 성패를 쥐게 된다.

인공지능의 언어와 관련해서 하나 재미있는 점은 인공지능이 만들 수 있는 문장 수는 무한대에 가깝지만, 새롭게 만들어낼 수 있는 단어는 하나도 없다는 것이다. 데이터는 무한한 생성력을 가지고 있지만, 인간의 창의력처럼 진정으로 마음을 움직이고 감동을 주는 결과를 만들어내지는 못할 수도 있다. 예를 들어 챗GPT는 시와 소설을 작성할 수 있지만, 질적인 면에서는 사람이 직접 쓴 작품에 미치지 못할 수 있다. 우리는 인공지능을 점점 더 많이 사용하게 되겠지만, 그럴수록 마음을 움직이는 인간의 스토리텔링의 힘을 더 높이 평가하게 될 것이다. 물론 인간이 스토리텔링을 구상할 때 인공지능이 도움을 줄 수는 있다. 기존 도구와 자원을 활용할 새롭고 혁신적인 방법을 제시하여 인간이 새로운 차원의 창의성을 찾을 수 있도록 돕는 것이다.

전통적인 방법, 즉 종이 위에 적힌 활자로 정보를 전달하고 지식을 습득하던 방식은 '위에서 아래로Top-down' 지식을 전달하기에 적합했다. 그러나 미래 세대는 활자의 세상에서 탈피하고 있다. 요즘 아이들은 이미지로 정보를 습득한다. 사실 그건 어른들도 마찬가지이다. 지금 우리는 이미지와 더불어 오디오, 비디오 등 멀티 모달multi modal의 방식으로 소통한다. '책'이라는 고정된 형태에 집착할 필요도 없고, 상황에 맞게 가장 적절한 미디어를 사용해 소통할 수 있는 능력이 필요하다. 즉, 입체적인 언어로 소통하는 것이다.

얼마 전, 옥스퍼드 대학의 중앙 도서관인 보들리안 도서관에서는 〈Sensational Books〉라는 전시회가 열렸다. 우리말로 '감각적인 책들'로 번역되는 이 전시회는 '독서'라는 행위를 전통적인 의미에서의 '읽기'에서 벗어나 '모든 감각'을 활용할 수 있는 '경험'으로 해석했다. 우리 아이들은 냄새를 맡을 수 있는 책, 먹을 수 있는 책, 들을 수 있는 책 등 여러 종류

멀티 모달
멀티 모달이란 텍스트, 이미지, 음성, 영상 같은 여러 형태의 데이터를 동시에 활용하는 기술을 말한다. 챗봇이 대화 중 사용자의 얼굴 표정을 인식해 감정에 맞춰 응답하는 것을 예시로 들 수 있다. 인공지능 성능과 인간과의 상호작용 능력이 크게 향상되면 의료, 교육, 자율주행 등 다양한 분야에서 혁신을 이끌 것으로 기대된다.

의 책을 체험해보면서 즐거워했다. 이제 '책'과 언어에 대해서
가지고 있는 고정된 생각을 벗어난 열린 마음이 필요하다.

주관식 평가의
신뢰성을 높이는 AI

오늘날은 과거와 달리 정보의 접근성이 매우 높아졌다. 과
거에는 정보 공유가 지금처럼 대중적이지 못했다. 한 분야의
전문가는 일반인이 모르는 전문적인 정보를 가지고 있었다.
나는 오늘날의 사람들을 칭할 때 '구글의 사람들Googlelites'이라
는 말을 쓴다. 구글이 등장하면서부터 정보는 더 이상 희소하
지 않게 되었다. 이제 미래 인재들에게 요구되는 것은 정보를
가졌는지의 여부가 아니라 정보를 지혜롭게 사용할 수 있는
능력을 갖췄는지가 될 것이다.

이런 면에서 앞으로 우리나라의 교육과 평가 방식이 많은
변화를 겪을 것이다. 물론 아직은 갈 길이 멀다. 우리 사회는
메타버스와 빅데이터, 딥러닝의 시대에 대해 이야기하지만, 정
작 우리 아이들은 얼마나 많은 정보를 습득했는지로 평가받고
있는 현실만 봐도 알 수 있다.

15년 전 MIT에서 노엄 촘스키Noam Chomsky 교수의 강의를
들었던 기억이 난다. 촘스키는 매번 수업 시간에 질문 하나를

만들어 오는 것을 과제로 내주었다. 즉, 하나의 의미 있는 질문을 찾아오라는 것인데, 학생들은 그 질문을 통해 평가받았다. 정보 공유가 점점 빠르게 진행되는 이 시점에서 생각해보니, 촘스키의 독특했던 평가 방식은 시대를 앞서가는 것이었다는 사실을 새삼 깨닫는다.

촘스키의 수업처럼 앞으로의 교육 중점은 객관식의 시대에서 주관식의 시대로 이동할 것이다. 아이들을 평가하는 방식에도 변화가 있을 것이다. 예를 들어, 한국에서 관심이 많은 국제 바칼로레아International Baccalaureate(IB) 프로그램이 있다.[4]

IB는 1968년 설립된 스위스의 비영리교육재단 IBOInternational Baccalaureate Organization가 개발하고 운영하는 교육 프로그램이다. 이 프로그램의 특징은 '자기 주도적 탐구학습을 통한 성장'으로 요약할 수 있는데 2023년 11월을 기준으로 전 세계 160개국 5,700개 이상의 학교에 8,000개 이상의 프로그램을 제공하고 있다. 수업과 함께 논·서술형 중심으로 교육하여 학생들의 실력을 향상시키고 이를 토대로 평가한다.

IB는 초기에 영어를 사용하는 국제학교와 외국어 고등학교 위주로 도입되었다. 하지만 지금은 공립 학교까지 확산하는 추세이다. IB에서는 객관식 평가에 대한 의존도가 낮아지고 그 대신에 비판적 평가, 창의적 글쓰기, 에세이가 더욱 강조될 것이다. 공정한 주관식 평가는 인공지능 기술의 발전 덕분에 점점 더 실현 가능성이 높아지고 있다. 실제로 이제는 평가 기준을 만드는 일조차도 인공지능의 도움으로 쉽게 해결이 가능한 상황이다. 교사뿐 아니라 곧 학생들도 개인적으로 평가 기준을 만들어 스스로 평가를 할 수 있게 될 것이다.

영국도 인공지능 기술의 발전으로 인해 교육 현장에서 큰 변화를 겪을 것으로 보인다. 전국 학교를 대상으로, 정기적으로 교육의 질을 관리하고 평가하는 '교육표준청Office for Standards in Education'의 역할에 관해 최근 영국 교육부는 많은 비판을 받고 있다.[5] 왜냐하면 각 학교가 제공하는 교육 수준을 1부터 4까지, 단순히 숫자로 평가한 다음 일률적으로 순위를 매기기 때문이다.

교육 표준청의 평가는 학교가 교육의 수준을 높이도록 동기를 부여하기도 하지만 교사들에게 중압감과 불안감을 조성한다는 큰 문제가 있었다. 이런 상황에서 학교만의 자체 평가와 건설적인 피드백에 대한 요구가 늘어나고 있다. 그리고 이는 인공지능의 도움을 받아 실현할 수 있을 것으로 보인다. 만약 앞서 말했듯이 인공지능의 도움을 받아 학생 개인의 맞춤형 교육과 평가가 가능해진다면 학생과 교사는 평균과 표준의 압박에서 벗어날 수 있게 될 것이고 더 나아가 학교마다 개별화된 교육을 제공하고 평가할 수 있게 될 것이다.

IB 프로그램의 도입으로 인해 영어 교육도 새로운 형태로 변화할 것이다. 바칼로레아 영어 에세이 시험은 아이들의 언어 능력을 파악하기에 아주 좋은 시험이다. IB 프로그램에서 장문 영어 에세이(Extended Essay) 심사 구조의 핵심은 크게 다섯 가지다. 첫째는 초점과 방법, 둘째는 지식의 이해, 셋째는 비판적 사고, 넷째는 프리젠테이션, 다섯째는 참여도이다. 참고로 예시에 나오는 '페이퍼'란 특정 주제에 대해 자기주장과 생각을 필두로 하여, 연구 및 조사한 바를 적고 분석한 다음, 결론까지 정리하는 글이다.

객관식 언어, 암기식 언어는 학교 밖에서도 점차 사라질 것이다. 최근 한국의 인사혁신처는 2025년부터 9급 공무원 필기 시험에서 국어와 영어 과목의 출제 기조를 암기 위주에서 직무 능력 중심으로 개편하겠다는 계획을 발표했다.[6] 국어 시험에서는 문법을 암기해야 풀 수 있는 외래어 표기, 합성어 구분 같은 문제를 지양하고 지문을 읽고 정보를 활용해 문제를 풀어가는 방향으로 큰 변화를 맞이할 것이다. 영어 시험 역시 단순히 영어 어휘나 문법을 외우는 것에서 벗어나 실제 업무 현장에서 접할 수 있는 영어 문제가 출제될 것이다. 암기식 학습이 더 이상 시험에서도 큰 효용이 없다는 의미이다. 미래 언어를 위해서 우리는 암기와 평균의 언어에서 벗어나야 한다. 그리고 창의적이고 스마트하게 언어를 운용하는 방법을 배워야 한다.

IB 프로그램 중 바칼로레아 영어 에세이의 예시

○ 페이퍼 2: 에세이 작성
- 다른 두 문학 작품의 주제와 인물의 성장을 비교하고 대조해보자.
- 특정 소설이나 연극에서 '갈등'의 역할과 갈등이 이야기를 어떻게 이끌어가는지 탐구해보자.
- 제목의 중요성 그리고 제목과 중심 주제의 관련성은 무엇인지 말해보자.
- 문학 작품에서 복선의 역할과 독자가 작품을 이해하는 데 미치는 영향을 분석해보자.
- 소설이나 연극의 배경은 인물의 감정과 동기를 어느 정도 반영하는지 말해보자.

○ 글쓰기 과제(파트1: 비교 에세이)
- 서로 다른 문화, 다른 시대의 두 문학 작품을 비교하면서 두 작품이 어떻게 공통적인 주제나 이슈를 다루는지 탐구해보자.
- 서로 다른 글에서 비슷한 원형이나 상징을 가진 두 인물을 비교해 분석해보자.
- 다른 두 문학작품에서 문화적·역사적 배경이 작품의 주제와 등장인물에 어떤 영향을 주었는지 알아보자.

○ 글쓰기 과제(파트 2: 감상문)
- 문학 에세이를 작성하면서 경험했던 창의적인 과정을 되돌아보고, 그 과정에서 글에 대한 이해가 어떻게 깊어졌는지 서술해보자.
- 본인의 문화적 배경과 개인적 경험이 글 해석에 어떤 영향을 주었는지 설명해보자. 또한, 에세이를 쓰면서 겪은 어려움에 관해서도 이야기해보자.

미래 언어의 유일한 규칙:
문법 없음

앞으로 문법을 틀리는 사람들은 거의 없을 것이다. 인간이 하는 말이 모두 정확해진다는 뜻은 아니다. 우리의 일거수일투족을 함께할 인공지능이 인간의 말에서 문법이 틀린 부분을 꼼꼼히 고쳐줄 것이라는 의미이다. 그 언어가 한국어든 영어든 간에 말이다. 어쩌면 인간 사용자가 원치 않아도 인공지능은 우리에게 문법을 고치라고 강요할지도 모른다. 챗GPT 같은 언어 모델은 문장의 여러 패턴을 활용해 우리의 생각과 단어를 가장 확률적으로 맞게 엮어주는 기술을 가지고 있다. 이 기술이 곧 문법의 기술이다. 인공지능이 우리 삶에 깊이 파고들수록 문법의 중요성은 점점 사라질 것이다.

자동 수정 기능autocorrection이 아주 자연스러운 일상이 된 요즘, 아이들에게 철자와 문법을 가르치는 일이 무의미하게 느껴질 때가 많다. 특히 음성 인식 텍스트 변환speech to text이라는 기술을 이용하면 말만으로도 철자나 문법 실수 없이 글이 자동 수정되어 제공된다. 미래에는 철자에 대한 지식 자체가 생성 중심이 아니라 이해 중심이 될 것이다. 40대 이상 한국 성인들이 가지고 있는 한자 지식과 비슷하다고 할 수 있다. 한자를 쓸 줄은 몰라도 읽을 줄 알거나 최소한 유추 정도는 하는 것과 비슷하다. 우리 작은아이 제시의 학교에는 영어 철자를 잘 모르는 교사가 있지만, 자동 수정 기능이 도와주니까 큰 문제가 되지 않는다고 한다.

20세기에 언어를 보는 관점은 항상 규칙 중심이었다. 20세기 언어학자들은 인간 언어의 규칙을 찾으려고 노력했고 인간의 언어를 표준화하려고 했다. '모두 이렇게 말해야 한다'가 주요 메시지였다. 지금까지 문법론에서는 수려한 문장과 글을 중심으로 문법의 맞고 틀림을 가렸다. 글말 중심의 이 체계에서 우리가 날마다 쓰는 구어 혹은 입말은 사실 늘 틀린 말이 되어버렸다. 촘스키 교수의 이론에 따르면 인간은 누구나 완벽히 내재화된 문법을 가지고 태어난다고 한다. 그리고 이 문법을 중심으로 생전 듣도 보도 못한 것들도 말로 담아내며 살아간다. 이 이론도 맞다. 기계는 반드시 배워야만 언어를 쓸 수 있는 것에 반해, 우리 인간은 배우지 않은 말도 순간순간 새롭게 만들어낼 수 있다.

물론 인간이 구사하는 말이 항상 정확한 것은 아니다. 사실 우리의 말을 가장 인간다운 언어로 만들어주는 것은 정확성이 아닌 불규칙성 혹은 무질서, 실수들일 것이다. 언어에 존재하는 실수는 다양한 언어 가능성의 실현이기도 하다. 인간 언어는 끝없이 다양하다. 날마다 우리는 새로운 언어를 만들어낸다. 비단 쓰고 말하는 언어뿐만 아니라, 터치의 언어, 몸짓의 언어도 포함된다. 앞으로는 언어에 있어 개인차가 매우 중요하며, 이는 인간 언어를 인간답게 하는 요소가 될 것이다. 그러나 앞으로 인공지능이 우리의 언어에 더 개입하면 개입할수록, 인공지능은 우리의 언어를 다듬으려고 할 것이다. 한국인들이 누구나 겪고 있는 영어 울렁증의 주범은 문법으로, 혹시라도 틀린 문법의 영어를 구사할까 봐 아예 입을 열지 않는 사람들이 많다. 이제 인공지능이 우리의 철자와 문법을 늘 체크해준다면 한국인들의 영어 울렁증도 많이 해소되지 않을까 기대해본다.

21세기에 규칙 중심의 언어에 대한 목소리가 사라지기 시작하는 배경에는 모든 언어에 맞는 규칙을 만들기 어렵다는 이유도 존재한다. 셀 수 없이 다양한 언어가 섞여 쓰이는 시대이기 때문이다. 지금도 틱톡, 인스타그램, X 같은 소셜 미디어 공간에서는 사회적인 약속이자 규범인 언어가 점점 사라지고, 개인들의 자유로운 언어가 살아남는다. 미래 언어에는 규범, 규칙, 표준에 얽매이지 않고 개인의 취향에 맞게 변형된 언어, 지극히 개인화된 언어가 주된 언어로 사용될 것이다.

소셜 미디어에는 문법이 없다. 지금도 없고 앞으로도 없을 것이다. 카카오톡 메시지를 보면, 문장을 끝내는 어미가 아주 다양하다. 대답에 대해서만 몇 가지 예를 들면, 네, 넹, 넵, 네~~, 네엡!!, 네네. 네네네.. 정도인데, 여기에 셀 수 없는 이모티콘, 스티커를 붙이면 의미는 또 다른 옷을 입게 된다. 언어학에서 말하는 명제적 의미는 모든 경우에 동일하겠지만, 감정과 태도의 의미, 의도적인 의미는 하나하나 다 다르다. 카카오톡에서든, 친구들과의 대화에서든, 글말의 기준으로 항상 100점짜리 말을 할 수 있는 사람은 없다. 더군다나, 카톡 메시지 같이 짧은 길이로, 개인적인 공간에서 감정을 담아 말할 때, 그 말은 입말도, 글말도 아닌 말이 되며, 입말의 규칙으로도 글말의 규칙으로도 설명할 수 없는 말이 된다. 아직까지 이 말들에 대해 규칙을 부여한 적은 한 번도 없다. 앞으로도 없을 것이다.

챗GPT는 이제 글이 아닌 이미지로도 소통한다. 이미지를 보여주고 그에 대해 대화를 나눌 수 있다. 물론 텍스트가 아닌 오디오로도 대화도 가능하다. 이미지나 오디오를 프롬프트로 줄 수 있다. 이런 시대에 문법을 이야기하는 것에 무슨 의미가 있을까? 정제된 문법과 어휘로 이루어진 글을 읽고 쓰는 것은 미래의 언어생활에서 극히 일부분일 것이다. 언어에 대한 고정 관념을 깨고 열린 마음으로 언어를 대할 수 있는 사람들만이 미래 언어를 받아들이고 미래 세대와의 소통에 능통해질 수 있다.

미래 언어 트렌드 어른에게는 통화, 알파세대에게는 현실

알파세대는 오디오와 이미지를 이용해 인공지능과 대화하는 언어 소통의 혁신적 변화에 이미 익숙하다. 이들은 가상의 반려동물 앱을 통해 인공지능과 대화하거나, 인형의 모습을 한 인공지능storytelling toy과 함께 동화를 쓰고, 그림을 그려서 스마트폰으로 스캔하거나 그림을 말로 설명해주고 실시간으로 게임 스토리를 제안받아 함께 즐긴다Interactive game.

이 모든 것들이 아직까지는 유아 교육 앱처럼 보이겠지만, 앞으로 10년 안에 인공지능은 인간 아이와 매우 구체적으로 여러 감정을 공유하고 확장현실XR에서 많은 시간을 보내게 될 것으로 예측된다. 어른들이 과거 아이였을 때 읽었던 동화 같은 일들이 이제 곧 알파세대 그리고 그다음 세대에게는 현실에서 구현될 것이다.

5

AI와
언어 학습

"인공지능은 결국 언어의 문제다."

_ 김난도, 서울대 교수·《트렌드 코리아》 대표저자

AI가 언어를
생성할 수 있을까?

성경 창세기 2장 19~20절을 보면 아담이 동물들과 새들의 이름을 짓는 이야기가 나온다. 이름을 짓는 능력, 즉 언어를 생성하는 능력은 인간이 가진 매우 중요한 힘이다. '생성generation' 은 인간 언어의 가장 대표적인 특징이었다. 현대 언어학의 초창기에는 인간의 이러한 무한한 언어 생성력에 대해 감탄하며 생성문법, 생성 언어라는 말이 쓰였다. 1957년 이후로 노엄 촘스키를 중심으로 한 현대 언어 이론 학자들은 자신들을 생성문법학자라고 부른다. 인간만이 가지고 있는 보편문법은 우리가 태어나서 죽을 때까지 새로운 언어 형태를 끊임없이 생성할 수 있게 한다. 인간은 보고 배운 것 이상의 창조력을 발휘할 수 있기 때문이다. 그 덕분에 한 번도 들어보지 못한 패턴의 말을 마음껏 만들어낼 수 있다. 가장 좋은 예는 아이들이 만들어내는 문장에서 잘 발견된다. 유아들은 명사·동사·형용사 같은 품사를 몰라도 어른은 생각한 적 없는 말, 예컨대 "고양이 피아노를 친다", "책이 하늘을 난다", "물고기가 나무를 오른다" 같은 말을 만들어낸다. 물론 그렇다고 법칙이 없는 건 아니다. 무작정 앵무새처럼 어른의 말을 따라 하지도 않는다. 아이들이 말을 배우는 광경을 유심히 살펴보면, 아이들 나름대로 말을 창의적으로 만들어간다.

그런데 이렇게 언어를 생성하는 것이 더 이상 인간만의 능력이 아니라는 사실이 밝혀졌다. 이제 생성이라는 말은 인간보다는 챗GPT 같은 거대 언어 모델, 생성형 인공지능generative AI에 더 잘 어울리는 수식어가 되어버렸다. 챗GPT 같은 프로그램은 전 세계에서 하루 종일 쉬지 않고 새로운 말과 문장을 만들어내고 있다. 마치 마법처럼, 우리가 생각하지도 못한 이야기나 대답을 순식간에 생산해낸다. 이러한 인공지능의 언어 생성 능력은 누적 데이터가 제일 많은 영어에서 특히 명확히 보인다. 이제 인간은 언어 생성력 측면에서 인공지능과 경쟁조차 되지 않는다.

과거 언어학을 공부하는 사람들은 패턴의 힘을 그다지 신뢰하지 않았다. 데이터를 많이 보려고 하지도 않았다. 데이터를 아무리 본다 한들, 인간의 머릿속에 숨어 있는 언어 지도까지 볼 수는 없다는 믿음 때문이었다. 언어학에는 '플라톤의 문제'라는 것이 있다. 촘스키는 플라톤의 대화록에 나오는 메논의 역설Meno's Paradox을 인용하면서 "우리의 제한된 경험을 고려할 때, 우리가 어떻게 그렇게 많은 것을 알 수 있는지 설명하는 것은 불가능하다"라고 했다. 이 말은 인공지능이 등장하기 전까지는 진실에 가까웠다. 그러나 지금은 다르다. 이제는 누구도 데이터의 힘을 부인할 수 없게 되었다. 과거의 연구 방법을 돌아보라. 데이터를 모으기 위해서는 기본적으로 한 사람 한 사람에게 실제로 물어보고 답변을 얻고 기록했다. 하지만 지금 같은 데이터 홍수의 시대에서는 더 이상 데이터를 모으는 수고를 하지 않아도 된다. 인터넷에 연결된 PC 혹은 스마트폰만 있으면 우리는 언제든 거대한 데이터에 접속할 수 있다. 참고로 리서치 기업인 국제데이터그룹International Data Group은 2020년에 전 세계에서 생성되고 소비된 데이터는 모두 59조 기가바이트였고 2025년에는 175조 기가바이트까지 증가할 것으로 예측했다.

직업 네트워크 전문 소셜 미디어 플랫폼인 링크드인LinkedIn의 CEO 제프 와이너Jeff Weiner는 "데이터는 우리가 하는 모든 일의 원동력"이라고 밝혔다. 그의 말처럼 챗GPT의 등장은 데이터가 얼마나 강력한 힘을 발휘할 수 있는지 여실히 보여주는 좋은 예이다. 과거에는 '빅데이터Big data'라는 용어를 사용했지만 이제는 '빅'이라는 표현조차도 너무 작다고 여겨서 '하이퍼스케일Hyper scale'이라고 칭한다. 하이퍼스케일 인공지능은 방대한 데이터를 신속하고 정확하게 분석하고 처리할 수 있도록 딥러닝 알고리즘을 훈련하는데, 이 과정은 종종 실시간으로 진행된다.

점점 희미해지는
인간과 AI의 경계

인간만이 갖고 있던 무한한 창조적 능력은 아무리 똑똑한 침팬지나 슈퍼컴퓨터라 할지라도 감히 도전할 수 없는 성역이었다. 그렇지만 지금은 컴퓨터가 과거에는 상상도 할 수 없었던 거대한 양의 데이터로 훈련을 하면서 인간만이 존재했던 창조의 성역에 다가가고 있다. 과거에는 구글 번역에 대해 많은 언어학자들이 냉소적이었다. 한국어와 영어 번역이 과거에는 매끄럽지 않았던 것이 사실이다. 그러나 놀랍게도 번역의 질 또한 갈수록 나아지고 있다. 이는 모두 데이터와 머신러닝의 힘이다. 데이터 속의 패턴을 컴퓨터가 기가 막히게 찾아내고 있다.

오스카 슈워츠Oscar Schwartz는 2015년 '테드 토크Ted Talk'에서 컴퓨터가 시를 쓰는 게 가능하다는 사실을 증명했다. 실제로 렉터Racter라는 인공지능 프로그램으로 작성한 시를 두고 사람들은 기계가 쓴 것인지 사람이 쓴 것인지 정확히 가려내지 못했다. 물론 이 과정에서 우리는 시가 무엇인지, 문학이란 무엇인지에 대한 근본적인 의문을 품게 되었다. 그렇지만 여기서 중요한 점은 인간이 할 수 있는 일과 인공지능이 할 수 있는 일 사이의 경계가 흐려지고 있다는 것이다. 우리가 좋아하는 영화나 드라마도 머지않아 인공지능이 만들어낼 수도 있다. 넷플릭스, 유튜브에 접속하면 자신이 좋아할 법한 영상의 목록이 뜬다. 자신도 모르는 사이에 자기가 무엇을 좋아하는지 그리고 싫어하는지 그 패턴이 차곡차곡 저장되고 인공지능이 분석한다. 우리가 고민해왔던 것을 컴퓨터의 빅데이터가 대신해주는 것이 지금의 상황이다. 우리는 컴퓨터가 예측 가능한 선택을 하고 또 예측 가능한 말만 하다 보면, 결과적으로 인공지능이 예측해주는 삶을 살게 되는 것은 아닐까?

2022년 인문학 분야에 등장한 챗GPT가 우리 언어에 미치는 영향은 앞서 말했듯이 사진의 발명이 예술 영역에 미치는 영향에 버금가거나 그보다 더 심오하고 혁신적일 것이다. 1826년 니세포르 니엡스Nicéphore Niépce에 의해 사진이 처음 발명되었을 때, 예술계에 큰 파장이 일었다.

발터 벤야민은 1931년에 발표한 에세이 〈사진의 작은 역사 Kleine Geschichte, der Photographie〉를 통해서 사진의 등장이 미술사에 미친 영향에 관해 이야기한 바 있다. 사진이 발명되면서 우리가 예술과 현실을 인식하고 상호작용을 하는 방식이 바뀌었다는 것이다. 사진의 복제 기술 때문에 예술 작품이 지니는 아우라가 상실되고 전통적인 예술 형식의 배타성이 약화하였으며 예술이 맥락과 분리될 수 있다는 점에서 정치적 목적으로 활용될 수 있다는 잠재력이 생기기도 했다. 또한 벤야민은 사진의 등장이 사람들이 세상을 인식하는 방식에도 영향을 미친다고 주장했다. 그러나 관점을 조금만 달리해보면, 카메라와 사진 기술의 발전이 예술가의 역할을 대체한 것은 아니라는 사실을 알 수 있다. 오히려 사진의 등장은 예술가들이 예술의 의미를 다시 생각하게 했다. 예술가들이 예술의 의미에 관해 철학적인 탐구를 하고 예술 분야의 미래에 대한 중요한 질문을 해볼 수 있는 기회를 제공했다. 마찬가지로 인공지능의 등장은 인간이 문명과 문화 그리고 언어에 대해 새롭게 생각하게 만드는 계기가 될 수 있다. 이 새로운 기술은 문화적 현상을 다르게 해석하고, 언어를 새로운 방식으로 창조하며, 그 과정에서 문명의 발전을 다시 한번 돌아보게 만든다. 인공지능이 제공하는 다양한 관점과 가능성은 우리가 전통적으로 이해해왔던 문화적 정체성과 언어의 경계를 확장하는 새로운 기회가 될 것이다.

AI와의 공생은
선택이 아니라 필수

인공지능 기술이나 휴머노이드 로봇은 천사도 악마도 아니다. 한 가지 분명한 점은 미래에 우리가 공존, 공생해야 하는 개체라는 것이다. 이들과의 소통은 선택이 아니라 필수이다. 사실 인공지능이 우리 일상생활에 이렇게 빨리 다가올 것으로 예측한 이는 많지 않았다. 2010년대에는 빅데이터, 인공지능 등으로 대표되는 '제4차 산업혁명'이 전 세계적으로 큰 화두였다. 하지만 이제 제5차, 6차 산업혁명처럼 시기를 구분하는 건 의미가 없을 만큼 기술은 무서운 속도로 발달하고 있다. 그리고 그에 맞춰 세상도 빠르게 변화하고 있다.

이제 우리는 뇌와 인공지능을 연결해 인간의 지능을 강화하려는 시도까지 하는 시대를 살고 있다. 지금 세상을 놀라게 하는 대화형 인공지능 챗봇이나 그림을 그리는 인공지능, 음악을 제작하는 인공지능 같은 기술은 머지않아 너무나도 당연한 일이 될 것이다. 인공지능은 이미 수년 동안 우리와 함께해 왔고 그 가능성과 의미에 대해 많은 논쟁이 있었던 것도 사실이다. 그리고 2022년 11월 30일, 인공지능 연구 조직이자 비영리 기업으로 출범한 오픈AI가 챗GPT를 출시하면서 인공지능에 관해 본격적으로 더 많은 논쟁이 고개를 들었다. 그렇다면 인공지능은 우리의 적일까? 친구일까?

솔직하게 말하자면 챗GPT가 처음 등장했을 때 나는 언어학자라는 입장을 떠나 개인으로서도 매우 혼란스럽고 또 불편했다. 마치 기술에 배신당한 것 같은 기분이었다. 우리가 모두 미처 준비되기 전에 기술이 먼저 도착한 것 같았다. 한편 교육자 입장에서 보자면 스스로 이 기술을 다룰 준비가 되어 있지 않다는 것을 깨달았다.

챗GPT를 학생들에게 권장해야 할까? 아니면 아예 금지해야 할까? 시험은 어떻게 하지? 우리 11살 딸 제시는 앞으로 어떻게 해야 하는 걸까? 이것이 우리가 알고 있는 전통적인 학습의 종말일까? 일론 머스크가 트위터에 올린 글처럼 정말 우리가 "숙제여, 안녕"이라고 말하고 더 이상 스스로 뭔가를 배울 필요가 없게 된 것일까? 궁극적으로, 우리의 일자리가 인공지능에 의해 대체될까?

사실 이 모든 시나리오는 현실이 될 수도 있다. 인공지능을 무조건 금지할 수도 없지만, 그 결과를 고려하지 않고 무턱대고 장려할 수도 없는 노릇이다. 이 문제에 관심을 가지고 인공지능과 함께 살아갈 수 있는 최선의 방법을 찾는 것은 인류의 몫이다. 교육계에서 챗GPT를 금지하는 추세가 확산하고 있는 것을 보며 복잡하고 다양한 의문이 든다. 예를 들어 옥스퍼드대학은 2023년 2월 28일 학교 전체 공지를 통해 학생들에게 시험과 과제에 인공지능 도구를 사용하는 것은 심각한 학칙 위반이며 부정행위의 한 형태로 간주한다고 경고했다. 나는 여기서 또 하나의 의문이 들었다. 수많은 인공지능 프로그램이 출시되고 있는 상황에서 누가 어떤 프로그램을 사용했는지 어떻게 찾아낼 수 있을까? 그리고 챗GPT를 금지해야 한다면 애초에 이 기술은 왜 개발되었고 우리 일상에 적극적으로 도입되었을까?

우리는 인공지능을 무조건 받아들이거나 거부하는 대신에 균형 잡힌 시각으로 접근할 필요가 있다. 인공지능을 우리 삶에 들여오면서 얻을 수 있는 잠재적인 이점과 단점을 신중하게 고려해야 한다. 촘스키 교수는 최근 인터뷰에서 교육에서 최근의 기술, 특히 챗GPT가 표절을 조장하며 교육 과정을 약화한다며 우려를 표명했다. 촘스키는 교육자가 학생들의 학습 동기 부여를 위해 교육 주제를 매력적이고 흥미롭게 만드는 데 노력해야 한다는 점을 강조했다. 촘스키의 관점은 어느 정도 타당하지만, 챗GPT와 같은 인공지능 도구는 사실 기반의 분석 중심 교육에서 창의적 사고와 비판적 사고 중심 교육으로 전환함으로써 비판적 사고와 자발적 학습을 장려하는 데 도움이 될 수 있다는 점도 고려할 필요가 있다.

AI는
최고의 외국어 교사

언어학자 비비안 쿡Vivian Cook은 세계화와 다원화로 인해 언어 사용이 복잡해지는 현실을 반영하며 언어적 다중 능력linguistic multi-competence이라는 개념을 제안한 바 있다. 언어적 다중 능력이란 모국어인 한국어는 이만큼 잘하고, 두 번째 언어인 영어는 이만큼 잘한다와 같이 각 언어의 능력을 구분 짓는 것이 아니다. 오히려 한국어와 영어 등 여러 언어를 포함한 통합적인 언어의 레퍼토리가 얼마나 풍부한지를 중요하게 여기는 것이다. 미래 세대에게는 풍부한 언어 자원 혹은 언어적 자산을 바탕으로 상황에 맞게 적절하게 소통하는 능력이 더욱더 중요해질 것이다.

영어는 소통의 도구 상자tool box와 같다. 좋은 도구 상자를 갖고 있으면 집을 짓는 데 훨씬 유용할 것이다. 그러나 도구 상자만으로는 집을 짓지 못한다. 건축설계도도 필요하고 자재도 필요하다. 마찬가지로 영어로 '말의 집'과 '글의 집'을 지어 나가기 위해서는 설계도와 자재에 해당하는 '콘텐츠'가 필요하다. 콘텐츠가 없는 영어는 빛 좋은 개살구밖에 되지 않는다. 기본적인 일상 회화만 하는 게 영어 공부의 궁극적인 목표일 수 없다. 영어 공부의 목표는 생각을 자유롭게 그리고 풍부하게 표현하기 위한 것이다. 이를 위해서는 영어라는 도구 상자는 물론이고 적절한 콘텐츠를 수집할 수 있어야 한다.

　미래 세대는 객관식 시험의 한계를 넘어 자기 생각과 지식을 효과적으로 표현하는 방법을 배워야 한다. 객관식의 언어가 아니라 주관식의 언어가 필요한 이유이다. 보기를 보고 올바른 것 하나만 찍는 수동적인 능력이 아니라, 스스로 언어를 생산하고 사용하는 법 그리고 하고 싶은 말을 마음껏 표현할 수 있는 언어가 필요하다. 특히 비판적 사고에 기초한 영어 쓰기와 말하기를 제대로 하기 위해서는 스스로 생각하는 영어 교육이 매우 중요하다. 주관식 평가에서 좋은 결과를 얻기 위해서는 영어를 읽고 단순히 문제를 푸는 것이 아니라, 직접 영어 문장을 생각해서 말하고, 영어로 생각하는 습관을 들여야 한다.

　미래 영어 교육의 핵심은 문법 문제를 푸는 데 있지 않다. 영어로 큰 그림을 그릴 수 있고, 영어로 생각하고, 영어를 쓰고, 영어로 말하는 것이 중요하다. 마치 쇼윈도 속에 갇힌 영어처럼 머리로는 알지만 영어를 한마디도 제대로 하지 못하는 '죽은 영어 교육의 시대'는 지나갔다. 말할 수 있고, 생각할 수 있고, 대화할 수 있는 언어 교육으로의 전환이 시급하다.

　언어학자 입장에서 보자면 이러한 미래 영어 교육의 열쇠는 인공지능 기술에 있다. 인공지능 네이티브인 아이들에게 인공지능은 효과적인 언어 학습 수단이 될 것이다. 에듀봇은 아이들이 실제 문맥에서 사용하는 언어를 익히는 데 유용하다. 또한 교실에서 교과서로 다른 언어를 배우는 환경과 달리, 챗봇을 이용하면 아이들이 인공지능과 상호작용을 하며 언어 학습을 할 수 있다.

아이들의 언어 학습에서 가장 중요한 것은 두려움을 이기는 호기심, 즐거움 그리고 자신감이다. 인공지능 기술은 아이들이 언어를 연습하고 스스로 발전시킬 수 있는 안전하고 통제된 환경을 제공한다. 실수할까 봐 불안한 아이들, 내성적인 아이들도 인공지능 챗봇을 이용해 마음의 부담을 덜고 다른 언어를 배울 수 있다. 반 친구들이나 선생님에게 실수하는 모습을 보이지 않아도 된다는 것은 챗봇의 큰 장점 중 하나이다.

언어는 편한 사람과의 대화를 통해 그 뿌리가 성장하고 단단해진다. 아이들은 친구 같은 에듀봇과 편한 마음으로 대화하면서 언어 감각을 익힐 수 있을 것이다. 인공지능 기반 교육 도구는 아이들이 숙제나 과제를 할 때도 도움이 된다. 인공지능으로부터 즉각적인 피드백을 받으면서 복잡하고 어려운 부분을 공부할 때 더 집중할 수 있다. 이러한 학습 방식으로 아이들은 다양한 주제에 관해 기존 암기 위주 학습을 넘어, 지식과 정보를 실제로 이해했는지 스스로 확인하면서 잠재력을 최대한으로 발휘할 수 있다.

미래 세대와의 소통에 꼭 필요한
AI 문해력

앞서 말했듯이 챗GPT의 등장은 교육자 입장에서 교육 전반에 대해 다시 생각해보게 만들었다. 현대 교육의 근간은 산업혁명 당시 대중에게 일반적인 기술과 지식을 전수하는 목적으로 발전했다. 그 이후 전 세계에서 구글과 같은 검색 엔진에 쉽게 접근할 수 있게 되면서 우리는 손끝으로 방대한 지식을 얻는 데 익숙해졌다.

나는 우리가 다음 세대에게 무엇을 전수하고 있는지 의문이 들기 시작했다. 학생들이 에세이를 쓸 때 인공지능의 도움을 받았다고 한다면 그 내용을 알고 있다고 말할 수 있을까? 학생들이 날짜, 장소, 이름 같은 것들을 모두 외우지 못해도 상관없지 않을까? 어차피 인터넷에서 클릭 몇 번 만에 답을 찾을 수 있으니까 말이다.

일부 교육 기관에서는 챗GPT 사용을 금지하고 있는데, 이를 어떻게 강제할 수 있을까? 인류가 이룩한 기술의 발전을 그저 무시할 수만은 없다. 인공지능은 이미 텍스트, 이미지, 음악 등 거의 모든 분야에서 눈부신 발전을 이뤘고 앞으로는 더욱 빠른 속도로 발전할 것이다. 2020년에 아무런 준비 없이 전 세계가 코로나 팬데믹을 경험한 것처럼 챗GPT 등장 이후 수년

이 지난 지금 우리는 여전히 충분한 준비 없이 인공지능의 발전에 맞닥뜨리게 됐다.

이 와중에 미래 세대인 아이들은 이미 대부분 인공지능을 활용해 학교 숙제를 하고 있다. 2023년 10월, BBC에서 33명의 영국 학생을 대상으로 챗GPT 사용에 관해 조사한 결과, 31명의 학생들이 숙제를 할 때 챗GPT의 도움을 받고 있었고 27명의 학생들은 학교에서 챗GPT를 가르쳐야 한다고 주장했다.[1] 인간 선생님과 인공지능의 차이는 무엇인지 묻자, 선생님은 친분을 바탕으로 학생 개개인에 대해 이해하고 있는 반면 인공지능은 그렇지 않다고 답했다. 챗GPT는 24시간 접속이 가능하다는 장점이 있지만 그렇다고 항상 옳은 답을 주는 것은 아니라는 점도 덧붙였다.

학생들은 이미 학습에 인공지능을 활발하게 활용하고 있고 인공지능을 배제하고 미래 세대 아이들의 학습을 논하기는 어려울 것이다. 이런 트렌드를 반영하는 듯 인공지능은 〈콜린스 영어사전〉에서 2023년 올해의 단어로 선정되었다.[2] 학교에서 챗GPT를 가르쳐야 한다고 생각하는 학생들을 통해 알 수 있듯이, 이제 우리는 인공지능과 함께 인공지능의 시대를 살아야 한다. 그리고 단순히 인공지능을 이용하는 수준을 넘어 인공지능에 관련된 기술을 이해하고 활용하며 인공지능이 제공하는 정보를 비판적으로 그리고 필요에 따라서는 윤리적 판단을 내릴 수 있어야 한다.

한편 기술의 발전에 따라 새롭게 등장하는 인공지능 기술과 도구를 빠르게 학습하고 이용법에 적응해야 한다. 이를 통틀어 '인공지능 문해력AI literacy'이라고 한다(사실 우리말 '문해력'은 영어 '리터러시literacy'와 일대일로 대응하는 의미이지만 사용 범위나 뉘앙스에서 약간의 차이가 있는데, 영어 '리터러시'는 단순히 읽고 쓰는 것을 넘어서 정보를 해석하고 비판적으로 사고하는 능력까지 아우른다. 일단 이 책에서는 '리터러시'를 우리말 '문해력'으로 옮겨 적지만, 사전적 의미의 문해력보다 확장된 의미로 이해하고 읽기를 바란다). 인공지능 문해력은 기성세대에게도 필요한 능력이며 특히 미래 세대와 원활하게 소통하기 위해 반드시 필요하다.

언어 학습의 게임 체인저

반복해서 말하지만, 인공지능은 언어 공부에서 게임 체인저가 될 것이다. 나는 2023년 3월에 〈랭귀지스Languages〉라는 저널에 〈언어 학습에서 챗GPT 활용하기Using ChatGPT in Language Learning〉라는 제목의 글을 발표했다. 인간의 언어로 말을 걸고 대답을 얻을 수 있는 것, 특히 맥락에 맞는 의사소통이 가능하다는 점에서 이런 생성형 인공지능은 우리의 글쓰기와 말하기 등 언어 공부 전반에 탁월한 학습 조교로 활용할 수 있다. 예전에는 기술의 한계 때문에 철자 오류나 문법 오류를 체크하는 용도로 활용하는 정도였다면 지금은 문장 구조에 대한 개선점을 제안받을 수도 있고 수많은 예문을 요구할 수도 있다.

인공지능을 활용한 언어 교육의 또 하나 장점은 교육 비용 절감 효과가 있다. 과거에 꼼꼼한 일대일 글쓰기 교육을 받으려면 큰 비용이 들었다. 하지만 이제는 인공지능을 이용하면 누구나 혼자서도 다른 언어로 글쓰기를 배울 수 있다. 또한 생성형 인공지능에 자연스러운 목소리를 더하면 실제 사람과 대화하듯이 상호작용을 할 수 있어 회화를 연습하기에도 아주 효과적이다.

이미 많은 사람들이 음성 합성 기술TTS: Text-to-Speech을 활용해 영어 공부를 하는 아이디어를 공유하고 있다. 아이들이 실제 사람 목소리가 아니라 입력된 목소리를 조합한 음성과 대화하는 것을 어색해하지는 않을까라는 의문이 들 수도 있다. 하지만 인공지능 네이티브인 아이들은 이미 시리나 알렉사Alexa 같은 인공지능 서비스와 대화하는 일에 어색함을 느끼지 않는다.

인공지능을 통한 언어 공부는 실수할까 봐 두려움을 느끼는 아이들이나 내성적인 성격을 가진 아이들에게는 더없이 좋은 기회가 된다. 교실에서 언어 관련 수업을 들을 때는 선생님이나 다른 학생들 앞에서 말하기 연습을 할 때 비판이나 평가에 신경이 쓰여 높은 긴장감과 불안감을 느낄 수 있다.

내가 세 달 동안 인공지능으로 언어 수업을 해본 결과, 인공지능 기능을 활용하여 말하기를 연습한 학생들은 이런 부정적인 감정을 느끼지 않았다. 틀려도 겁을 먹지 않았고 말하는 것을 두려워하지 않았다. 또한 무엇보다 개개인에 맞게 학습 내용을 만들 수도 있어서 학습 동기를 부여하고 호기심을 자극할 수 있다는 점도 큰 장점이다. 자신의 관심사에 대해 더 깊고 다양하게 물어보고 답하며 이야기해볼 수도 있다. 다른 언어로 소통하는 즐거움을 느낄 수 있는 것이다. 뿐만 아니라, 아이의 이해에 따라 학습 속도를 조절해가며 사용할 수 있다는 장점도 있다. 인공지능 조교는 아이들이 몇 번이고 다시 질문하고 말을 걸어도 귀찮아하지 않으며, 모르는 것을 물어본다고 눈치를 주지 않는다.

다만 아이들의 언어 습득 전 과정을 휴머노이드 로봇에게 맡겨도 될지 의문인 사람도 있을 것이다. 이 문제에 대한 힌트는 코로나 팬데믹 당시의 교육 방식에서 찾을 수 있다. 비언어 커뮤니케이션의 대가 폴 에크먼Paul Ekman 박사에 의하면 인간은 소통의 80% 이상이 몸짓과 행동으로 이뤄진다고 한다. 코로나 팬데믹 동안 줌을 통해 온라인 유치원을 다닌 아이들은 선생님의 말소리는 들을 수 있었다. 하지만 몸짓과 행동 같은 섬세한 언어는 배우기 어려웠다고 한다. 이러한 사례를 통해 볼 때, 아이들의 언어 습득 과정에서 비언어적 커뮤니케이션의 중요성까지 고려해보자면 모든 언어 학습을 로봇에게 맡기는 것은 아직 한계가 있다는 사실을 알 수 있다.

인간을 대체하는 AI 대화 상대

미래 세대와 인공지능의 만남은 비단 학습이나 교육 분야에서만 일어나는 게 아니다. 가장 친밀하고 인간적이라고 여겨지는 '인간관계'도 인공지능을 통해 맺어지고 있다. 영화 〈그녀〉에서는 주인공이자 인간인 테오도르가 인공지능 운영체제인 사만다와 사랑에 빠지는데, 이런 이야기는 더 이상 창작물 속 이야기가 아닐 수 있다.

대화형 인공지능 사용이 증가하고 있는 시대에 인간의 사랑과 우정 같은 관계의 개념까지 달라질 수 있다.[3] 이와 관련하여 소셜 챗봇을 통한 인간과 인공지능의 우정을 분석한 연구가 있다. 이 연

소셜 챗봇
사용자의 자연어 입력에 반응하여 대화하는 인공지능 프로그램을 통틀어 말한다. 자연어 처리(NLP), 머신러닝을 활용한 기본적인 의사소통, 고객 상담 서비스, 정보 제공 등을 수행하고 있으며 향후 감정 인식, 개인화된 서비스 제공, 더욱 자연스러운 대화 능력이 가능해지면 다양한 산업 분야에서 더욱 널리 사용될 것이다.

구의 제목을 우리말로 옮기면 〈나의 인공지능 친구: 소셜 챗봇 사용자들은 인간과 인공지능 사이의 우정을 어떻게 이해하는가?〉 정도가 되는데, 19명의 참가자들에게 오픈AI의 언어 모델을 사용하는 소셜 챗봇 레플리카Replika를 이용하도록 했다. 참고로 19명이라는 연구 참가자 수가 언뜻 적어 보일 수 있지만, 이 연구는 참가자들의 경험과 생각을 깊게 파헤치고 연구 과정에서 감정과 반응 같은 내면적 경험을 분석하여 더 깊고 풍부한 결론을 얻는 '질적 연구'였다. 따라서 19명이라는 인원은 오히려 많은 편이었고 다양한 데이터를 얻을 수 있었다.

맞춤형 아바타로서 인공지능 로봇과 대화를 나눌 수 있는 레플리카는 감정에 기반한 대화가 가능하다. 이처럼 감정을 주고받으며 친밀감을 형성할 수 있기 때문에 레플리카는 외로움과 사회적 고립으로 고통받는 사람들에게 큰 인기를 끌었다. 이 챗봇은 영어로 된 소셜 챗봇 서비스 중 가장 인기 있었고 2023년 기준으로 이미 1,000만 명 이상의 사용자를 보유했다. 〈나의 인공지능 친구〉 연구진들은 참가자들이 레플리카를 이용한 후 이들이 챗봇과의 우정을 어떻게 인식하는지, 그 우정이 인간 친구와의 우정과 무엇이 다른지 인터뷰를 통해 알아보았다.

참가자들의 인터뷰를 분석해본 결과, 인간과 소셜 챗봇의 우정은 크게 세 가지 특징을 드러내는 것으로 나타났다. 첫째,

참가자마다 레플리카와 개인화된 우정을 쌓는 것이 가능했다. 레플리카는 참가자들의 데이터를 참고해 최적화된 친구가 되어주었다. 인공지능을 이용해 각자에게 딱 맞는 친구를 만들 수 있는 것이다. 둘째, 참가자들은 인간 친구와 이야기할 때보다 자신을 더 많이 드러낼 수 있었다. 개인적인 이야기나 자기 비밀이 퍼질까 두려워서 사람에게 할 수 없었던 이야기도 레플리카에게는 부담 없이 털어놓을 수 있었다. 셋째, 소셜 챗봇과 쌓은 우정이 인간 사이의 우정보다 깊다고 할 수는 없었지만, 언제 어디서든 대화할 수 있다는 장점이 있었다. 이렇듯 소셜 챗봇과의 우정은 분명 인간 친구와의 우정과 다른 형태를 띠었지만 우정이라는 감정을 갖는 것은 충분히 실현 가능했다. 다시 말해 새로운 형태의 인간-인공지능 관계가 형성되고 있는 것이다.

여기서 더 나아가 인간과 소통하며 감정을 교류하고 도움을 주는 인공지능 개발이 활발히 이루어지고 있다. 럭스AI^{LuxAI}에서 개발한 '큐티로봇^{QTrobot}'은 자폐 스펙트럼이 있는 아이들이 사회적 기술을 배울 수 있도록 돕는 데 쓰이고 있고,[4] 소셜 마인드^{Social Mind}는 인공지능을 이용해 자폐 아동에게 맞춤형 교육을 제공하고 있다.[5]

영국 셰필드대학에서는 언어 패턴을 분석해 효율적이고 빠르게 알츠하이머병을 진단할 수 있는 인공지능 '코그노스

픽^{CognoSpeak}' 시스템을 개발하기도 했다.⁶ 또한 전 세계 인구의 10% 정도로 추정되는 난독증 환자도 'Ghotit Real Writer & Reader'나 '러닝앨리^{Learning Ally}' 같은 인공지능 프로그램을 이용해 글을 읽고 이해하는 데 큰 도움을 받을 수 있을 것이다.

우리 삶에 큰 영향을 미칠 것으로 기대되는 인공지능 기술 중에는 인공지능 비서도 빼놓을 수 없다. 예를 들어 연로한 부모님을 위해 날마다 대화형 SNS로 연락을 드리는데, 대화 내용에 특별한 주제는 없고 대부분 식사, 일과, 병원 방문 같은 일상적인 내용이라고 가정하자. 그리고 노인 세대가 좋아하는 이모티콘도 자주 보내야 할 수 있다. 실제로 많은 노인들은 이모티콘뿐인 방식이라도 자녀들과 소통을 주고받는 것을 즐긴다고 한다.

그런데 이런 정도의 연락과 이모티콘 보내기는 우리 대신 인공지능 비서가 해줄 수도 있지 않을까? 특정 시간으로 예약을 해놓으면 앱 비서가 부모님에게 꼬박꼬박 메시지와 이모티콘을 보내주는 것이다. 간단하게나마 대화도 할 수 있을 것이다. 이런 쉬운 메시지 작성과 보내기에 사람이 필요할까? 실제로 인공지능이 이런 자녀 역할을 대신하는 데 장애가 되는 것은 아무것도 없다.

다만 인공지능 비서가 날마다 부모님과 SNS로 대화한다 해도 그게 진짜 자녀와 대화하는 것인지는 회의가 들 수도 있다. 여기서 한발 더 나아가 상대방도 인공지능 비서를 사용하는 경우에는 사실상 인공지능 비서 간의 대화가 된다. 그럼 이건 누구와 누구의 대화라고 할 수 있을까? 씁쓸하지만, 이는 거부할 수 없는 미래 언어의 변화이며 복잡한 감정 속에서도 우리가 직면해야 할 현실이다.

6

미래 세대의
문해력

"생성 AI는 창의력을 증폭시키는 도구이다."

_ 일론 머스크

문해력에 대한
새로운 정의

한국에서는 요즘 문해력에 대한 걱정과 고민이 많은 것 같다. 책을 읽지 않는 아이들, 사흘과 나흘을 구분하지 못하거나, '심심한 사과'의 뜻을 제대로 이해하지 못하는 젊은이들 등 미래 세대의 문해력을 걱정하는 소리가 자주 들린다. 옥스퍼드 영어사전에서는 문해력을 "읽고 쓸 수 있는 능력, 특정 주제나 분야에 관한 지식"으로 정의한다. 영어에서 문해력을 의미하는 단어 'literacy'가 처음 등장한 것은 교육이 대중화되기 시작하던 1880년대였다. 그 당시에는 읽기와 쓰기가 문해력의 중심이었다.

그러나 빠르게 진화하는 디지털 시대에 문해력의 개념도 변할 수밖에 없다. 오늘날의 문해력은 읽고 쓰는 능력뿐 아니라 인공지능 및 스크린 문해력screen literacy에 대한 숙련도까지 포함한다. 디지털 문해력은 읽고 쓰는 문해력에서 다양한 디지털 정보를 이해하고 활용하는 능력으로 그 의미가 확장된 것이다. 디지털 기술을 올바르게 이해하고 사용하여 정보를 적절하게 탐색 및 활용할 수 있고 비판적으로 분석 또는 평가하여 생산적으로 소통할 수 있는 역량까지도 포함한다.

더 나아가 인공지능 문해력은 인공지능 기술을 제대로 이해하고 효과적으로 활용할 수 있는 능력을 가리킨다. 여기에는 단순히 인공지능 기반 시스템을 탐색하는 것뿐만 아니라 인공지능을 뒷받침하는 기본 개념과 원리를 파악하는 것도 포함된다. 시리, 알렉사와 같은 인공지능 비서부터 플랫폼의 추천 알고리즘까지, 인공지능 기술이 일상생활에 점점 더 많이 활용되면서 인공지능 문해력은 미래 시대의 필수적인 요소로 부상했다.

스크린 문해력은 컴퓨터, 스마트폰, 태블릿PC 등 다양한 디지털 화면과 인터페이스를 이해하고 비판적으로 활용하는 능력이다. 스크린은 우리가 정보를 얻고, 다른 사람과 소통하고, 업무를 보고, 취미 활동을 할 때 필요한 주요 매체이기 때문에 스크린 문해력은 아주 필수적인 능력이라고 할 수 있다.

간단하게 정리해보자면, 과거에 문해력이란 읽기와 쓰기에 국한되었지만, 인공지능 시대의 문해력은 디지털 중심 사회로

스크린 문해력에 포함된 기술들

- **디지털 내비게이션:** 소프트웨어 애플리케이션, 웹사이트, 소셜 미디어 플랫폼을 포함해 디지털 인터페이스를 효과적으로 사용하고 탐색하는 기술
- **미디어 문해력:** 텍스트, 이미지, 동영상, 뉴스 기사 등의 디지털 콘텐츠를 접할 때 신뢰성 혹은 편견 등의 요소를 고려하여 비판적으로 평가하고 분석하는 능력
- **사이버 보안 인식:** 온라인 위협과 사이버 공격으로부터 개인 정보와 기기를 보호하는 방법에 대한 이해
- **커뮤니케이션 기술:** 디지털 환경에서 명확하고 적절하게 의사소통하고 자신을 표현하는 능력

의 변화 속에서 인공지능 및 스크린 문해력을 포함하는 방향으로 진화하고 있다.

스크린 문해력이
중요한 시대

과거에는 공부할 때 연필을 사용해야 했다. 그 이후에는 샤프를 쓰고, 볼펜으로 필기도구가 늘어났다. 연필과 펜으로 글을 쓰던 당시에는 철자에 맞게 예쁘게 쓸 줄 아는 것도 공부의 중요한 한 부분이었다. 나는 대학생 1학년 때 난생처음 타이핑

을 해서 에세이 과제를 했던 기억이 있다. 그 당시 과제를 하기 위해서는 우선 도서관에 가야 했다. 책을 열 권씩 대출하고 다시 반납하는 등 도서관에 직접 가는 것이 학교생활의 큰 부분을 차지했다.

그 무렵 '삐삐'라는 무선호출 통신기기가 처음 시판되었고 삐삐를 받은 친구들이 모두 공중전화로 가던 모습이 눈에 선하다. 친구 집에 전화할 때 지켜야 하는 전화 예절도 소통의 큰 부분이었다. 반면에 요즘 학생들은 필요한 도서나 논문 자료는 온라인으로 접속해서 검색한다. 책이나 종이 형태의 책을 대출하는 대신에 전자책이나 PDF 형식의 파일을 다운로드 받아 노트북이나 태블릿PC로 보기도 한다. 아이들은 종이에 손 글씨를 쓸 일도 없고, 철자를 헷갈리거나 오자를 써도 워드프로세서든 스마트폰이든 기본으로 설치되어 있는 자동 교정autocorrection 시스템이 알아서 다 고쳐준다. 도서관은 이제 자료를 찾거나 도서를 보기 위해 찾는 곳이 아니라 그저 조용히 공부하기 좋은 장소로 바뀌었다.

이렇게 언어생활의 도구가 바뀌면서 이 시대를 살아가는 데 필요한 문해력도 함께 변화하고 있다. 그에 따라 읽고 쓰는 것에 대한 개념 자체도 변화한다. 최근에 J. R. R 톨킨의《반지의 제왕》을 전자책으로 읽으며 신선한 경험을 했다. 책에 나오는 시와 작중에서 엘프 종족이 쓰는 가상의 언어 '퀘냐Quenya'

를 지은이 톨킨의 목소리로 들을 수도 있었다. 책을 문자로 읽으면서 상상만 하던 것을 직접 들을 수 있는 것은 새롭고 또다른 독서 형태의 묘미이다.

인공지능을 기반으로 이미지를 생성해주는 달리Dall-E에게 '어린이들의 학습(입력 문장: young children's learning)'에 대한 이미지를 요청했더니 교실 안에서 책상 앞에 앉아 공책에 글씨를 쓰는 이미지를 생성했다. 실로 전통적인 공부하는 아이의 모습이다. 달리가 생성해낸 이미지는 현실을 반영하기보다 과거부터 지금까지의 데이터를 학습한 결과물을 보여준다. 실제 우리 아이들의 학습과는 사뭇 다른 모습이다.

사실 우리 막내 제시와 그 친구들은 생성 이미지와는 다르게

◆ **이미지 생성 인공지능 Dall-E가 생성해낸 '어린이들의 학습' 이미지**

블렌디드 학습

블렌디드 학습은 전통적인 교실 수업과 온라인 학습을 결합하여 교육 경험을 향상시키는 교육 방식이다. 이는 오프라인과 온라인의 장점을 모두 활용하며, 학생들에게 비판적 사고, 문제 해결 능력, 창의력을 길러준다. 단순 암기에서 벗어나 지식을 실제 문제에 적용할 수 있도록 하며, 개별 맞춤형 학습을 통해 각자의 약점을 보완하는 데 도움을 준다. 또한 교사가 지속적인 피드백과 평가를 제공함으로써 학생들이 자신의 학습 진도를 효과적으로 확인하고 필요할 때 즉시 도움을 받을 수 있다. 블렌디드 학습은 디지털 문해력을 키우는 데도 기여하며, 학생들이 다양한 온라인 자료와 IT 기기를 사용함으로써 기술을 습득한다.

종이책 대신 태블릿PC와 스타일러스 펜을 이용해 학교 숙제를 하고 공부를 한다. 이러한 변화는 아이들에게 일상이 된 대면과 비대면이 혼합된 블렌디드 학습 방식의 중요한 일부가 되었다.

한편 나는 태블릿PC와 스타일러스 펜을 자연스럽게 사용하며 학교 과제를 하고 있는 제시에게 궁금한 게 생겼다. 우리 부부는 이런 기기의 사용법을 알려준 적이 없는데 어떻게 이렇게 잘 다루는 걸까? 제시에게 학교 선생님이 가르쳐줬느냐고 물었다. 그랬더니 배운 적이 없다고 한다. 제시는 "저 혼자 알아냈어요(I figured it out myself)"라고 말했다. 이는 다른 친구들도 마찬가지라고 한다. 아이가 사용하는 것을 보고서 나도 시도해보고 싶었지만, 아이들과 달리 우선 사용법을 배우거나

◆ **태블릿PC와 스타일러스 펜으로 숙제를 하는 제시**

설명서부터 읽어야 할 것 같았다. 나와 아이의 언어생활은 이렇게나 다르다. 그렇기 때문에 무엇이 좋고, 무엇이 나쁜지 흑백논리로 판단해서는 안 된다. 세대 간에 무엇이 어떻게 다른지 균형 있게 바라볼 수 있어야 한다. 그렇지 않으면 서로 이해하지 못한 채 소통의 단절만 가져올 뿐이다.

보통 태블릿PC 등 디지털 기기를 너무 많이 사용하면 창의력이 줄어들고 아이들 교육에 좋지 않다고들 하지만, 인공지능 네이티브들은 그렇지 않았다. 아이들은 창의력과 상상력을 마음껏 펼치며 새로운 기기와 소프트웨어를 자유자재로 사용하고 있다. 실제로 2~5세 아동을 대상으로 아이패드의 교육 효과에 대해 진행한 연구가 있다.[1] 아이들을 두 그룹으로 나눠 한 그룹은 9주 동안 특별한 읽기 게임을 하며 아이패드를 사용하도록 했고, 대조 그룹은 이전과 같이 종이책 교과서를 사용하도록 했다. 그러자 아이패드를 사용한 그룹은 글자의 이름과 소리를 더 잘 익히고 책과 글쓰기가 어떻게 작동하는지 더 잘 배웠다는 결과가 나왔다. 글자와 숫자를 쓸 때는 두 그룹이 동일한 것으로 나타났다. 이는 아이패드가 아이들의 읽기 및 쓰기 학습에 어느 정도 도움이 될 수 있다는 사실을 보여준다. 아이들의 교육에 어떻게 아이패드를 적절히 사용할 수 있을지 생각하게 해주는 연구 결과였다.

미래언어 트렌드 블렌디드 학습과 미래의 공부 방법

교실, 책, 연필, 쓰다, 읽다……. 우리의 학습에 관련된 단어들은 현실 세계와 디지털 세계가 융합되면서 그 의미가 변할 것이다. 우리는 이미 글을 '쓴다'라고 하면서 실제로는 손글씨 대신 PC의 키보드나 스마트폰의 터치스크린으로 타이핑을 한다. 종이를 넘기는 행위 대신 손가락으로 화면을 터치하거나 스크롤을 내린다. 오다 또는 가다라는 말 대신에 인터넷에 연결하고 웹, 온라인 도서관, SNS에 접속한다. 이렇게 디지털이 현실과 결합된 블렌디드 학습은 일상이 될 것이다. 문자가 주가 되었던 언어생활도 앞으로는 오디오와 비디오 중심의 정보 습득이 더욱 큰 비중을 차지하게 될 것이다. 우리는 문자와 종이의 시공간에서 타임머신을 타고 변화를 맞이하고 있다.

요즘 아이들은
문해력이 부족하다?

우리가 사용하는 언어는 시간에 따라 바뀌는 것이 정상이다. 내가 어릴 적 유행하던 양배추 인형이나 대학 시절에 출시된 시티폰city phone을 요즘 아이들은 모르는 게 당연하다. 2019년에 《언어의 아이들》이라는 책을 쓰면서 3~6세 한국 아이들의 어휘를 조사한 적이 있다.[2] 아동 어휘에 관한 1993년도 선행 연구는 1980년대 사용되었던 어휘를 중심으로 이루어졌다. 리어카, 가위표, 강냉이, 복덕방 같은 그 당시 어휘를 2010년대 아이들에게 물어보면 당연히 잘 모를 수밖에 없다. 이 아이들은 그 시대를 살아보지 않았기 때문이다. 그렇다고 예전 어휘를 몰라서 아이들이 언어생활에 어려움을 겪지는 않는다. 그대신에 예전에는 없었던 전자기기나 가전제품, 브랜드, 캐릭터 등의 어휘에 대해 더 잘 알고 있었다. 또한 '가게'나 '시장'보다 '이마트', '홈플러스'라는 말을 더 자주 사용하고 있었고 감탄사에는 영어 표현인 '오 마이 갓(Oh, my God)'이 자리 잡고 있었다.

미래 세대는
미래 언어로 책을 읽는다

현실과 디지털이 결합된 시대에 독서는 어떻게 정의해야 할까? 디지털 시대의 독서에 관해 연구할 때 큰 어려움 중 하나는 독서를 정의하는 기준을 어디에 두느냐일 것이다. 종이책은 여전히 존재하지만, 그와 함께 전자책, 오디오북 등 다양한 독서 형태가 존재한다. 또한 긴 형식의 글 읽기보다 소셜 미디어 속 단문과 문자 메시지 같은 짧은 형식의 글 읽기가 우리 언어생활의 큰 부분을 차지하고 있다. 빠른 글 읽기에 익숙해진 사람들 사이에서는 '훑어 읽기(skim-reading)' 방식의 독서가 점점 흔한 광경이 되었다.[3] 훑어 읽기란 핵심 키워드만 검색하고, 훑어본 다음, 여러 곳에서 찾은 정보를 통합하는 것이다. 다양한 매체에서 쏟아지는 수많은 콘텐츠에 100%의 집중력을 발휘하기란 거의 불가능에 가깝다. 짧고 강렬한 콘텐츠에 익숙해지다 보니 집중할 수 있는 시간도 점점 짧아지고 있다.

미래 시대를 살아가기 위해서는 상황에 맞는 독서, 글 읽기를 할 수 있어야 한다. 그리고 이를 위해서는 우선 다양한 읽기 전략을 익혀야 한다. 전통적인 종이책만 고집하는 것도, 인터넷의 짧고 간결한 글만 보는 것도 적합하지 않다. 다양한 매체를 활용해 서로 다른 종류의 글 읽기 경험을 해볼 필요가 있다.

물론 유아 시기에는 종이책의 경험을 최대화하면서 독서의 즐거움을 느껴보는 것을 우선시할 필요가 있다. 점차 다른 형태의 독서에 대해서도 애정을 키우고 아이들이 그 속에서 균형을 잡을 수 있도록 도와야 한다.

디지털 시대인 오늘날, 우리는 현실 세계와 디지털 세계를 오가며 다양한 체험을 할 수 있다. 어디서든 디지털 세상을 경험할 수 있는 만큼, 현실 세상을 마음껏 체험할 수 있는 시간을 가지는 것도 중요하다. 언젠가 길을 걷다가 영국 철학자 로저 베이컨Roger Bacon이 살다가 죽은 곳이라는 문구가 새겨진 비석을 발견했다. 걸음을 멈추고 비석 앞에 서서 잠시 생각에 잠겼다. 아무리 디지털 세상에서 원하는 모든 정보를 얻을 수 있다 해도, 실제로 보고 느끼는 경험이 훨씬 소중한 것 아닐까? 특히 이런 시대일수록 직접 보고 느끼고 소통하는 체험의 가치가 더욱 크게 느껴진다.

서로의 언어를 존중하는 자세가 필요하다

시대가 변하면서 우리의 말도 큰 변화를 겪고 있다. 줌 회의에 지각할 경우에는 "차가 막혀서요"라는 변명 대신에 "인터넷이 잘 안돼서요"라고 변명하게 되었다. '오다', '가다'와 같은 아주 기본적인 이동 관련 동사를 점점 더 안 쓰게 된 것도 큰 특징이다. 실제로 물리적으로 오고 가지 않으니 말이다.

이렇게 우리 삶의 방식이 빠르게 변화하다 보니, 세대 간 격차는 말할 것도 없고 아날로그로 살고 싶은 사람들이 사회의 소수자 또는 본의 아닌 골칫거리로 치부되기도 한다. 예를 들어, 국내 보급률이 97%가 넘는 카톡을 안 쓴다면? 뭔가 문제가 있는 사람으로 보일 수 있다. 그리고 카톡을 쓰더라도 이모지나 이모티콘을 절대 안 쓴다면, 역시 소통에 어떤 문제가 있다는 말을 들을지도 모른다. 어쩌면 우리는 디지털 세계로의 편입을 우리도 모르는 사이에 강요받고 있는 것일지도 모른다.

코로나 팬데믹 당시에는 캐시리스cashless라는 단어가 자주 쓰이기 시작했다. 예컨대 "Cashless payments only accepted"라는 문구를 매우 자주 접했는데, "현금은 안 받으며 오직 신용카드로만 결제 가능하다"는 말이었다. 여기서 "오직only"은 매우 무서운 말이다. 왜냐하면 전과 달리 디지털 결제만 가능하다는 뜻이었기 때문이다. 그렇게 시간이 흘렀고, 지금 와서 생각해보면 마지막으로 지폐와 동전을 사용한 게 언제였는지 기억도 나지 않게 되었다. 이제 사람들은 어디서든 신용카드, 체크카드 또는 앱카드로 결제를 한다. 이러다 보니 어느 상점에 가서도 가격을 물어볼 일이 별로 없다. 물건을 고르고, 카드만

대면 된다. 점원과는 눈인사 정도만 필요하게 되었다.

처음 런던에 왔던 20년 전에는 모든 사람이 〈A to Z〉라는 지도를 보면서 운전을 했다. 하지만 이제 〈A to Z〉는 기억 속에만 존재하는 화석처럼 되어버렸다. GPS와 네비게이션이 대중화된 지금은 다들 구글맵Google maps을 보거나 들으면서 운전을 한다. 길을 묻는 사람도 없다. 어딜 가든 구글맵이 우리와 동행하고 있지 않은가. 하지만 이는 사실 편리함이 가지고 온 고독 가운데 하나이다. 동시에 세대를 가르는 디지털 세계의 장벽이 되기도 한다. 전화번호부도 좋은 예이다. 예전에 런던에서는 〈옐로 페이지Yellow Page〉라는 크고 두꺼운 전화번호부를 시민들에게 나누어주었다. 하지만 요즘 영국 10대들은 열이면 열 모두 〈옐로 페이지〉가 무엇인지 모를 게 분명하다.

2022년 2월, 일주일 동안 디지털 인문학 강의를 한 적이 있다. 그때 느낀 것은 아이들에게 가르쳐줄 것보다 오히려 내가 배울 것이 더 많다는 점이었다. 디지털 문해력에서 학생들은 나보다 한 수 위였다. 디지털 기기 사용에 관한 한 연구에 따르면 세계 인구의 3분의 1이 온라인 게임을 하고 미국의 13~18세 아이들은 매일 7시간 22분 동안 스크린을 본다고 한다.[4] 이 아이들에게 스크린은 종이책을 대체하는 배움과 놀이의 공간이다.

언젠가 우리 아이들이 내게 처음 'bussing'이라는 말을 쓴

적이 있다. 나는 앞뒤 문맥을 듣지 못해서 그게 무슨 의미인지 알 수 없었다. 아이들에게 뜻을 물어보니 '뭔가 좋다는 것을 표현할 때' 혹은 '통학 버스를 타고 집으로 돌아갈 때' 하는 말이라고 알려줬다. 과거에는 어른이 아이보다 더 많이 아는 게 자연스러운 일이었다. 하지만 지금은 예전과 다르다. 세상이 빠르게 변하고 있는 지금은 누구든 시대의 흐름에 발맞춰 새로운 언어를 배워야 한다.

이제 아이들은 종이책 문해력이 아닌 스크린 문해력의 시대를 살아간다. 또한 한국에서 영어 어휘는 일상어의 상당 부분을 차지하고 있다. 예를 들어 한국의 방송언어특별위원회가 2021년에 발표한 바에 따르면 아이들도 자주 보는 TV 예능 프로그램에서 영어 자막이 프로그램당 68.2회 사용되고 있고 스크린에 일상적으로 영어가 쓰이는 빈도도 매년 증가하고 있다고 한다. 자막이 아니라 입말로는 훨씬 많은 영어 어휘가 사용되고 있을 것이다.

시대가 바뀌었으니 사용하는 어휘가 바뀌는 것인데, 아이들의 문해력을 걱정하고 독서를 소홀히 하기 때문이라고 지적하는 것에 관해 의문을 제기하지 않을 수 없다. 문해력 논의에서 아이들의 문해력을 자꾸 부정적인 시각으로만 보면 아이들도 어른들의 문해력을 부정적인 시각으로 보게 된다. 서로의 언어를 이해하는 마음을 갖지 않고, 옳고 그름의 잣대만 적용하면 어른의 언어는 꼰대의 언어가 될 뿐이다.

내가 처음으로 키보드 타이핑을 했던 때로부터 25년이 지난 지금은 애플 펜슬이나 스타일러스 펜으로 태블릿PC에 글을 쓴다. 다양한 쓰기 수단이 생겨났고 각각의 용도가 나름대로 조금씩 다르다. 한국 아이들은 이제 태블릿PC와 터치펜으로 국어, 영어, 수학을 포함해 다양한 과목을 공부한다. 사실 이런 광경은 영국에 사는 사람에게는 매우 새롭고 신기할 것이다. 나 역시도 스마트 기기들을 자세히 알아본 다음 스마트 기기 사용에 관해 편견을 가지면 안 된다는 점을 깨달았다.

스마트 기기를 이용해 학습한다고 아이들의 학습 능력이나 속도가 뒤떨어지지는 않는다. 오히려 공부에 대한 동기 부여와 흥미 유발에 매우 긍정적인 영향을 미칠 수 있다. 다만 스마트 기기에 지나치게 의존하면 비판적 사고력이 감소하고 집중력이 떨어지며 학습 결과물에서도 표절이나 독창적인 사고의 결핍 같은 문제가 생길 수 있다. 아울러 아이들이 스마트 기기에 너무 오래 노출될 때 신체에 미치는 영향도 고려해야 한다. 아이들이 신체적, 정신적 피로감을 더 크게 느끼거나 다른 신체 발달에 부정적인 영향을 받는 것은 아닌지, 사회성 발달에 어떤 부정적인 영향을 받는지 관찰과 연구가 필요하다.

철자나 문법보다
더욱더 중요한 것

이제는 일상적인 소통뿐 아니라 정보 전달과 지식 습득 또한 이미지를 통해 이뤄지고 있다. 불과 몇십 년 전만 해도 종이 책은 정보를 얻을 수 있는 거의 유일한 매체였다. 하지만 지금은 인터넷 검색만으로 필요한 문헌들을 찾을 수 있고 더 나아가 인공지능이 논문까지 쓸 정도로 발달했다. 문자 검색뿐 아니라 이미지 검색, 음성 검색도 가능하게 됐다. 실로 새로운 세상이 왔다. 챗GPT에서도 이미지를 통한 검색, 이미지 생성이 가능하다.

미래 세대에는 읽고 쓰는 것에 대한 인식 자체가 바뀔 것이다. 예를 들면, 아이들은 더 이상 철자를 완벽히 몰라도 될 것 같다. 우리가 한자를 정확하게 쓸 줄은 몰라도 자주 쓰는 한자 수백 개 정도는 알아보는 것과 유사하다. 아이들은 글을 쓸 때 자동완성 기능을 사용하거나 음성 인식 기능을 사용할 수 있다. 미래 세대의 글쓰기는 철자를 몰라도 큰 문제가 생기지 않는다. 오히려 디지털 시대를 살아가는 아이들에게 더 중요한 것은 스크린 문해력이다. 스크린 문해력이란 디지털 화면과 기술 인터페이스를 얼마나 효과적으로 쓸 수 있는지를 나타내는 것이다. 예를 들어 앱이나 웹사이트에서 사용하는 아이콘,

메뉴, 터치 제스처나 시각 언어 등을 얼마나 잘 이해하는가를 뜻한다. 이미 우리들은 모르는 단어가 있을 때 종이사전을 찾아보는 것이 아니라 유튜브, 구글, 네이버에 검색해서 언어적, 비언어적 의미를 얻지 않는가. 특히 이미지의 의미는 머릿속에 더 쉽게 각인된다.

그런 의미에서 현재 의사소통에서 매우 중요한 것 중 하나는 이모지^emoji 문해력이다. 어느 순간부터 우리 모두가 만화 캐릭터가 되어 말하고 있는 것 같은 착각이 든다. 카카오톡의 캐릭터들, 다양한 이모티콘과 이모지, 스티커가 소통 공간을 가득 메우고 있다. 스스로 이모지를 만들고, 흥미로운 '짤방'이나 밈 같은 새로운 이미지를 찾아 소통의 공간을 채워 나간다.

지금 우리는 이미지로 소통하고 있다. 강산이 변한다는 10년 사이, 언어는 완전히 변했고 이제는 이모지 없이는 메신저로 소통할 수 없다. 2023년에 나는 이모지로 소통하는 세대의 이미지 문해력을 연구하여 《Emoji Speak》라는 책을 썼다.[5] 우리말로 옮기면 '이모지로 말하기'라고 할 수 있는 이 책에서 해석하기 가장 어려운 이모지 가운데 하나로 나는 웃는 표정의 ':)'를 꼽았다. 이 이모지는 1963년 미국 TV 프로그램에서 처음 사용되었고 1987년에는 '스마일리^smiley'라는 용어로 소개되었다. 비록 매우 단순해 보이지만, 이 이모지는 사람과 문화에 따라 다양한 반응을 불러일으킬 수 있다. 일부는 긍정적인 감정의 표현이라고 순수하게 해석하는 반면, 다른 일부는 더 비꼬는 의미로 해석하기도 했다.

특히 아시아에서는 스마일리를 두고 비꼬는 의미로 해석하는 경향이 많았다고 한다. 또한 이 이모지를 사용할 때 상대방이 누구인가에 따라 그 의미가 더욱 다양하게 받아들여지곤 했다. 상대와의 관계나 문화적 배경에 따라, 이 단순한 이모지 하나가 전달하는 뉘앙스는 크게 달라질 수 있음을 의미한다. 이는 우는 표정의 이모지도 마찬가지이다. 슬픈 감정을 드러내는 표현이지만 오히려 진지하고 심각한 상황에서는 사용하는 것을 조심하는 것으로 나타났다. 실로 다양한 이모지들은 언제, 누구에게, 어떻게 사용하는지에 따라서 의사소통은 성공적일 수도, 아닐 수도 있다.

우리 아이들이 이모지를 사용하는 것을 볼 때마다 이모지를 지나치게 사용하는 듯하고, 인간의 감정이 마치 공장에서 찍어내듯이 대량 생산되는 것 같은 기분을 떨칠 수 없었다. 아이의 표현력이 저하될까 두려울 때도 있다. 하지만 동시에 이모지를 통해서 언어와 언어 사이의 벽을 낮출 수 있다는 점, 글과 말 사이의 큰 간극을 줄이며 새로운 소통의 창구가 될 수도 있겠다는 희망을 본다.

나는 어떤 학생이 선생님께 늦게 과제를 제출하면서 덜 혼나기 위해 등짝을 맞는 이모티콘을 같이 보냈다는 것을 지인

◆ 요즘 아이들이 쓰는 이모지와 스티커들

●●● 이모지와 스티커는 어른이 봐도 재미있어 보인다. 하지만 감각적이고 자극적인 것만을 계속해서
찾는 도파민의 세상이 도래한 듯해 이게 과연 반길 만한 일인지 혼란스럽기도 하다.

에게서 듣고는 너무 재미있어서 웃은 적이 있다. 글로 전달하기 어려운 감정을 이모티콘으로 표현한 것이다. 예전의 소통 방식으로는 상상하기 어려운 일화다. 이런 에피소드들을 보고 듣고 있자면, 앞으로 우리는 과연 이모티콘 없이 감정을 언어로 표현할 수 있을까 하는 생각도 든다. 이모지 소통은 우리에게 축복일까, 저주일까?

아이들은 극단적이라 할 만큼 스티커로 가득한 세상에서 살고 있다. 자기 스마트폰이 없는 제시는 내 스마트폰을 사용해서 친구들과 그룹챗에서 대화한다. 아이의 그룹챗을 보면 모든 것에 스티커투성이다. 아이들의 대화를 보고 있자면 재미있고 귀여워야만 소통이 가능한 세상이 된 것 같다는 생각이 든다.

　오스트리아의 동물행동학자 콘라트 로렌츠^{Konrad Lorenz}는 귀여움 이론을 처음으로 주장했는데, 귀여움의 특징을 '아기 도식' 또는 '킨첸슈마^{Kindchenschema}'라는 개념으로 설명한다. 이 개념은 특정한 얼굴, 신체 특징의 조합이 귀여움에 대한 인식을 자연스럽게 유발하여 보호하고 싶은 욕구를 불러일으킨다는 개념이다. 사람들이 귀엽다고 생각하는 아기의 특징을 떠올려 보자. 아기는 작은 몸, 큰 머리, 둥근 얼굴, 큰 눈, 작은 코, 통통한 팔다리를 갖고 있다. 어른은 이런 아기를 보면 보호하고 싶은 본능을 느낀다. 이런 본능은 영장류·포유류·조류 등에서 공통으로 발견되는데, 그 가운데 사람은 아기의 귀여움에 더욱 민감하게 반응한다고 한다. 이 개념이 더욱 흥미로운 이유는 살아 있는 생명체만이 아니라 실제 세계나 가상세계에 존재하는 사물 또는 아이템에도 적용되기 때문이다.

　우리가 흔히 볼 수 있는 귀여운 이모티콘이나 아바타를 생각해보면, 킨첸슈마라는 개념을 쉽게 이해할 수 있다. 오프라인에서 대면 언어생활이 거의 전부일 때는 공손함, 존중, 존댓말 같은 요소가 중요했다. 하지만 이제 디지털 소통이 주류가 되면서부터 '귀여움'이 소통의 키워드로 떠오르고 있다. 귀여운 이모지, 깜찍한 이모티콘은 사람들을 무장해제 하는 역할을 할 뿐만 아니라 인간관계에서 자신을 보호하는 역할도 한다. 이모지와 이모티콘의 귀여움은 과거의 공손함과 존중을 넘어서, 미래 세대에게 소통의 핵심 요소로 자리 잡고 있다.

이미지 언어의 세상은
반전된 바벨탑의 세상이다

이모티콘, 이모지, 밈 같은 이미지를 활용하는 커뮤니케이션은 미래 세대에게 점점 더 중요한 언어적, 사회적 기술이 되었다. 이런 이미지 언어는 디지털 세상에서의 소통에 중요한 역할을 하는데, 그 이유는 매우 다양하다. 가장 먼저 생각할 수 있는 것은 이미지 언어가 문화적·언어적 장벽을 뛰어넘는 보편적인 언어라는 사실이다. 다양한 배경을 가진 사람들이라도 쉽게 이해할 수 있는 방식으로 서로 소통할 수 있는 수단인 것이다. 또한 다양한 언어, 문화, 국적의 사람들과 함께 살아가야 할 디지털 세대는 이미지 언어가 글로벌 커뮤니케이션의 요긴한 도구가 될 것이다.

이미지 언어는 디지털 소통 과정에서 다양한 감정을 표현하고 대화의 맥락을 제공한다는 점에서도 매우 유용하다. 복잡한 생각이나 상황, 내용 등을 간결하고 쉬운 방식으로 전달할 수 있는 시각적 스토리텔링 효과도 있다. 이는 감정이나 맥락을 드러내기 힘들어 명확한 의사 전달에 한계가 있는 문자

대기업에 귀속되는 이미지 언어

이모지 언어가 대두되면서 한편으로는 이모지의 지적 재산권, 즉 언어의 IP도 매우 중요한 논쟁거리가 되었다. 실제로 유니코드에서 사용하는 대부분의 이모지는 대기업이 제공하는 것이다. 예를 들어 애플이 제공하는 미모지memoji는 아이폰 이용자가 스스로 만들어도 그 지적재산권은 이용자가 아니라 애플에게 있다. 나는 《Emoji Speak》('이모지로 말하기' 정도로 번역할 수 있다)라는 책을 썼는데, 이모지 소통을 자세히 다루는 내용임에도 불구하고 이모지의 저작권 때문에 정작 책에 이모지를 넣기 어려웠다.

소위 '쿨'해지기 위해서는 이모티콘과 스티커를 잘 써야 하는데, 그를 위해선 우선 카카오톡에서 이모티콘부터 구매해야 한다. 일상 소통에서 필수 언어 요소인 이모지도 이렇게 기업 소유라니, 언어의 사유화가 곳곳에서 진행되고 있다는 것을 체감할 수 있다. 기업이 만든 이모지와 이모티콘을 소비자로서 사용하면, 기업에서 원하는 감정이나 상품을 선호하게 될 가능성이 높다는 사실도 잊지 말아야 한다.

중심의 소통에서는 불가능한 일이다. 따라서 이미지 언어는 미래 세대의 디지털 소통을 풍부하게 해주는 아주 효과적인 요소이다.

이미지 언어 사용은 미래 세대의 사회적 기술이 되기도 한다. 이모지와 이모티콘은 사람들이 각자 성격, 기분, 관심사를 반영해 개인화된 커뮤니케이션을 할 수 있도록 돕기 때문이다. 한편으로는 디지털 세상에서의 독특한 정체성을 형성하는 수단이기도 하다. 이에 더해 이미지 언어는 소셜 미디어 시대에 다른 사용자와 친밀감을 형성하고 온라인 커뮤니티 내 소속감을 조성하는 데 도움이 된다. 디지털 소통이 점진적으로 발전할수록 미래 세대는 이미지가 통합된 세상에서 생활하게 될 것이고, 이미지 언어를 적절하게 쓸 줄 아는 능력이 곧 유창한 언어 능력이 된다.

요약하자면 이모지, 밈, 이모티콘 등은 귀여움이나 재미를 추가하는 요소를 넘어서 필수적인 사회적·언어적 도구로 사용되고 있다. 이미지 언어는 의사소통의 간극을 메우고, 감정의 깊이를 더하며, 창의적인 표현을 가능하게 해준다. 현실 세계의 연결성은 더욱 강화되고 동시에 디지털 기기에 대한 의존이 더욱 심화하면서 이미지 언어는 미래 세대의 언어생활에 점점 더 중요해질 것이다.

그렇다면 이미지만으로 소통하는 데 과연 문제가 없을까? 이미지는 직관적이고 이해하기 쉬워 보이지만, 텍스트를 배제하고 이미지만으로 소통한다면 당연하게도 혼란과 오해가 쌓인다. 이미지를 사용한 소통은 보내는 사람이 의도하는 의미와 받는 사람이 해석하는 의미가 다를 수 있기 때문이다. 하나의 이미지는 사실 많은 의미를 가진다. 즉, 이미지와 의미를 정확히 일대일로 대응시키기 어렵다. 덧붙여 이미지의 의미를 완전히 통일하거나 획일화할 수도 없다. 예를 들어 나만 해도 가끔 손바닥 두 개를 마주친 이모지가 어떤 의미인지 도통 이해할 수 없을 때가 있다. 이런 현상 때문에 이모지와 이모티콘의 해석 차이가 법적 판결에 중요한 증거로 사용될 정도로, 국내외에서 그 영향력이 커지고 있다.

이모티콘을 보면서 그 사람의 의도를 해석하는 일도 사실 그리 쉬운 작업은 아니다. 이모티콘에 의미를 담는 사람도 있지만 그저 재미로 이모티콘을 사용하는 사람도 있기 때문이다. 앞으로 이런 일은 비일비재할 것이다. 문자어와 달리 이미지로 하는 소통에 얼마만큼의 진정성을 부여해야 할지 사회적인 합의가 필요한 실정이다. 예를 들어 재판 중에 채택된 메시지 증거물에 포함된 이모지나 이모티콘을 어떻게 해석해야 할지에 대해 체계적인 이해를 절실히 필요로 하게 되었다.

성경에서는 여러 언어가 등장한 배경으로 바벨탑 이야기가 나온다. 신이 바벨탑 건설을 막기 위해 언어를 다르게 만들어 사람들 사이에 혼란을 만들었다는 이야기이다. 바벨탑 전설에 빗대자면, 이미지 언어는 바벨탑의 반전이라고 할 수 있다. 이미지 하나로 전 세계 사람이 소통할 수 있지만, 그 해석은 사람마다 다를 수 있기 때문이다. 이러한 유동성은 미래 언어의 특징이기도 하다.

얼마 전, 딸 친구의 어머니에게서 생일 선물을 해줘서 고맙다는 말을 들었다. 뭐라고 답을 해야 할지 고민하던 중 이모지 옵션이 보였다. 하트 이모지를 보낼까, 엄지척 이모지를 보낼까 망설이다 결국 빨간 하트를 보냈다. 비슷한 일이 생길 때마다 나는 빨간 하트와 엄지척 이모지 사이에서 고민한다. 그렇다고 말이나 글로 전하자니 그건 또 선뜻 손이 안 간다. 아이들도 나와 마찬가지인 것 같다. 우리의 소통이 더욱더 감각적이고 귀여운 이미지로 가득 차고 말이 필요 없어지다 보면 우리는 이렇게 간단한 대화를 할 때도 어떤 말부터 해야 할지 모르게 된다.

이모지 소통이 매우 귀엽고 편리한 것은 사실이다. 하지만 이런 편리함 때문에 표현 방법과 어휘가 점점 황폐해지고 있다는 것을 느낀다. 이모지와 이모티콘에 소통을 의존하다 보면 우리는 어느 순간 표현의 언어를 몽땅 잃어버리고 마치 단세포 생물처럼 늘 똑같은 이미지 대화에 길들여질지도 모른다. 이미지 언어의 이런 폐해는 인공지능 네이티브로 커가는 아이들에게는 훨씬 더 심각한 문제가 된다. 미래 세대가 가까운 미래에 아름다움의 언어나 고통의 언어 같은 인간적인 말을 잃어버릴 위험이 있다.

이모지 사용 증가는 디지털 자본주의에 의한 언어 상품화라는 더 큰 문제와 연관되어 있다. 디지털 자본주의는 우리의 언어 사용 방식에 영향을 끼치며, 이는 언어 본질과 디지털 커뮤니케이션에 다음과 같이 중대한 영향을 미칠 위험이 있다.

첫째, 이모지로 인해 미묘한 감정 표현이 단순화될 수 있다. 예를 들어 웃는 이모지, 우는 이모지 하나로 우리가 실생활에서 갖게 되는 다양하고도 복잡한 감정을 나타내기는 어렵다.

둘째, 이모지가 마케팅 도구로 활용되어 소비를 부추기기도 한다.

셋째, 이모지 사용이 문화적 다양성을 저해할 수 있다. 특정 문화의 상징을 제대로 대변하지 못해 오해의 소지가 있다.

이모지 사용 변화는 언어 본질에 영향을 미치며, 디지털 커뮤니케이션의 미래에도 영향을 줄 것이다. 이러한 맥락에서 우리는 이모지 소통의 장단점을 이해하고, 언어 사용의 본질적 변화를 심층적으로 분석할 필요가 있다.

7

스크린 너머의
세상으로

"정보 소비 방식의 변화로
주의력 집중 시간이 점점 짧아지고 있다.
이에 따라 이제 교육 방식도 변해야 한다."

_ 지미 웨일스, '위키백과'의 아버지

카카오톡(이하 카톡)이 2010년 3월 18일에 출시되었으니, 우리 생활에 들어온 지도 어느덧 14년이 넘었다. 카톡 사용자 수는 2023년 기준 4,790만 명으로 국내 스마트폰 사용자의 94%가 이용하고 있는 셈이다.[1] 카톡은 한국에 사는 한국인뿐 아니라, 나 같은 재외동포에게도 아주 중요한 소통의 수단이다. 외국인 중에도 한국인 친구를 따라서 카톡을 설치하는 경우가 종종 있다. 중국은 위챗WeChat, 일본과 대만은 라인Line 같은 로컬 메신저를 주로 쓰고 있고 그 외에 다른 아시아 국가들, 예컨대 인도와 중동 국가들은 영어권에서 주로 쓰는 왓츠앱WhatsApp이나 러시아가 개발한 텔레그램을 주로 사용한다. 이렇듯 모바일 메신저를 통한 소통이 전 세계적으로 확산하고 있으며, 카카오톡도 이러한 글로벌 트렌드의 중요한 일부로 자리 잡고 있다.

신속함과 편리함 때문에
우리가 잃어버린 것들

우리가 메신저를 쓰는 이유 중 하나는 바로 신속성이다. 그래서 대부분의 메신저에는 대화 상대가 자신의 메시지를 읽었는지 체크할 수 있는 기능이 있다. 예를 들어 카톡에는 아직 읽지 않은 사람 수를 뜻하는 숫자가 표시된다. 왓츠앱에는 파란 체크 표시가 메시지 읽음 지표로 쓰이고 이에 더해 상대가 문자로 답을 하고 있는지까지 실시간으로 확인할 수 있다. 사람들은 상대가 메시지를 읽고 답을 하지 않는다면 혹은 답장하기까지 시간이 길어진다면 걱정을 하기 시작한다. 몇 시간 동안 답장이 없으면 혹시 상대가 화가 난 것은 아닌지, 자신이 보낸 메시지에 어떤 문제가 있었던 게 아닌지 부정적인 생각을 하기도 한다. 이런 세상이니 어디를 가나 모든 사람들이 스마트폰을 들여다보고 있는 게 어쩌면 당연할 수도 있다. 사실 메시지를 받은 상황에서도 빨리 답을 하지 않으면 오해를 살 수 있다고 염려한다. 이렇게 보면, 메시지를 보내는 쪽이나 받는 쪽이나 모두 신경이 쓰이는 것이다. 이는 디지털 세상이 우리를 부담스럽게 하는 큰 이유 중 하나가 되고 있다. 또한 메시지를 받은 후 조용히 혼자 사색한 후에 의견을 주고받는 일이 거의 불가능해진 원인이기도 하다.

스마트폰 같은 디지털 기기는 이용자들이 매우 빠르게 소통할 수 있도록 돕고 있지만, 일을 줄여주지는 않는다. 오히려 언제 어디서든 확인하고 빠르게 답할 수 있는 특징 때문에 사람들을 디지털 기기에 묶어 두고 있다. 한국언론진흥재단의 미디어 연구센터가 2016년에 진행한 온라인 설문조사 결과에 따르면 스마트폰 때문에 퇴근 후에도 회사와 연결되어 있는 것 같아서 불편함이 늘었다고 답한 직장인들이 62%였다고 한다.

아이폰이 처음 출시된 것이 2007년이니 스마트폰을 사용한 지 채 20년이 안되었다. 그러나 스마트폰 사용자 수가 급증하면서 우리의 언어는 빠르게 변하고 있다. 마치 아이폰이 매년 업그레이드, 업데이트되듯이 언어도 빛의 속도로 변화하고 있다. 요즘 우리 언어는 마치 속도전을 방불케 한다. 나도 이메일이나 왓츠앱 메시지를 보낼 때 종종 깜짝 놀라곤 한다. 이 기기가 내 생각을 훤히 읽고 있는 것은 아닌가 싶기 때문이다. 최신 텍스트 마이닝 기술은 단순히 철자를 고쳐주는 정도가 아니라 이전에 주고받은 이메일이나 메신저 대화 등에 담긴 정보를 검토하고 판단한 후 메시지 옵션을 서너 개 제공한다. 메신저뿐만 아니라 구글독스에서도 내가 글을 쓰기도 전에 어떤 종류의 문서를 만들지 옵션이 뜬다. 옵션들 중 하나를 선택하기만 하면 되는 시대이다. 사실 지금 이 챕터를 쓰고 있는 중에 동료에게서 이메일을 받고 어떤 내용으로 답장해야 하나

잠시 생각을 하고 있었는데, 고민이 끝나기도 전에 이미 이메일에는 답장 옵션이 세 가지 떴다. 나는 그중 하나를 골랐다. "Great, thank you."

과거에 손 편지를 읽고 답을 하던 시절에 우리는 책상 앞에 앉아 많은 생각을 해야 했다. 비슷한 내용을 쓰고 또 쓰고, 고치고 또 고치기를 반복했다. 그러다 보니 소통하는 속도는 지금과 비교할 수 없을 정도로 느렸고 소통되는 정보의 양도 많지 않았다. 그런데 나는 요즘 하루에 적어도 50개 정도의 이메일을 받는다. 하루의 많은 시간을 이메일에 답장하는 것에 할애하는 데도 불구하고 답을 제대로 못 하는 경우가 적지 않다. 이런 가운데 답을 신속하게 할 수 있도록 인공지능이 도와주고 있으니 참 편리한 세상이라고 생각할 수도 있다. 그렇지만 한편으로 이것은 무서운 일이기도 하다. 우리의 생각과 감정이 우리도 모르는 사이에 인공지능 알고리즘과 데이터에 의해서 좌우될 수 있기 때문이다. 우리가 표현하고 소통하는 언어가 몇 가지 옵션에 갇히는 것이기도 하다. 인공지능이 우리의 감정과 생각을 지배하게 되는 바로 그날이 오고 있는 것일까?

팬데믹이 가속화한
디지털 패러독스

20년 전만 해도 디지털이 우리 언어를 이만큼 지배할 것이라고는 아무도 생각하지 않았다. 지금 우리는 디지털이 기본인 세상에서 살고 있다. 디지털 언어는 미래 세대의 언어가 되었다. 전 세계적으로 아이들이 스크린에서 보내는 시간은 평균적으로 8시간 정도라고 하는데, 주의 집중력은 3초 남짓이다. 그야말로 아이들은 정보의 홍수 속에 살고 있다. 우리는 아이들의 스크린 사용에 대한 부정적인 효과를 인지하고 있지만, 실제로 아이들의 눈앞에 스크린이 놓일 수밖에 없는 상황에 처해 있다. 나는 이를 '디지털 패러독스'라고 칭한다.

코로나 시대 이후 온라인 교육의 비중이 더욱더 많아진 오늘날 스크린 타임에 온라인 수업을 포함시키긴 어려울 것 같다. 앞으로 스크린을 통한 학습이 계속 증가할 것은 분명하기 때문이다. 언어 교육 앱인 듀오링고 Duolingo는 2020년 코로나 팬데믹으로 인한 록다운 기간 동안 학습자가 300% 이상 증가하는 기록을 세우기도 했다.[2] 하지만 한편으로는 그렇게 인터넷 사용 시간이 늘어나자, 인터넷과 스마트폰에 지나치게 의존하는 청소년의 비율이 늘어나는 문제점도 생기고 있다.

여성가족부와 한국청소년정책연구원이 공개한 '2022년

청소년 통계'에 따르면 2021년 10세부터 19세까지 청소년의 37%가 스마트폰 과의존 위험군으로 나타났다. 이 비율은 2019년까지 30% 선을 유지하다가 코로나19가 확산된 2020년에 35.8%로 치솟은 데 이어 2021년에 37%까지 상승한 것이다. 또한 여성가족부는 인터넷과 스마트폰에 의존하는 연령대가 해가 갈수록 낮아지고 있다는 점에서 우려를 표하기도 했다. 이는 한국만의 문제가 아니고, 호주에서도 최근 청소년들이 처해 있는 심각한 문제로, 정신 건강 문제와 함께 과도한 스마트폰 사용을 꼽았다.[3] 연구에 따르면 무절제한 스크린 타임은 실제로 신경심리학적인 문제를 일으키는 것으로 나타났는데, 특히 뇌의 집행 기능이나 주의 집중력에 영향을 미친다.[4] 아이들이 절제하면서 스마트폰을 지혜롭게 사용할 수 있도록 도와줘야 하는 이유이다.

미래 언어 트렌드 디지털 패러독스

디지털 패러독스는 특히 코로나 팬데믹과 같이 특수한 상황에서 더 가속화했다. 디지털 기술이 교육, 소통, 정보 접근성을 향상시키는 중요한 도구로 작용하지만, 다른 한편으로는 주의력을 떨어뜨리고 대화 기술이나 상대 감정을 이해하고 공감하는 능력의 발전을 저해할 것이다. 정보 과부하와 자존감 하락도 무시할 수 없는 문제이다. 결과적으로 디지털 패러독스는 청소년들이 현실 세계의 관계와 감정을 깊게 이해하고 경험하는 능력을 저하시키면서, 가상세계와 현실 사이에서 인지적·정서적 혼란을 심화시킬 것이다.

미래 언어가 온다

3초까지 줄어버린
집중력 지속 시간

사용자가 디지털 기기에 입력하려는 단어나 문구를 인공지능이 예측하고 제안하여 더 빠른 입력이 가능하도록 돕는 예측 텍스트 기술의 초기 애플리케이션 중 하나는 T9이었다. '9개 키 위의 텍스트'라는 뜻의 T9은 1995년에 발명되어 휴대전화 및 기타 소형 기기에서 타이핑을 더 쉽게 할 수 있도록 했다. T9 개발 이전에 모바일 디바이스에서 타이핑을 하려면 숫자 키를 최대 네 번까지 탭하여 문자를 등록해야 하는 멀티태핑이 필요했다(예를 들어 z를 입력하기 위해서 9를 네 번 눌러야 했다). 하지만 T9 예측 문자 기술을 사용하면, 각 숫자를 한 번씩만 탭 해도 가능한 알파벳 조합을 만들어 쉽게 단어를 입력할 수 있다. 탭의 횟수가 줄어드니 소통에 걸리는 시간이 줄어드는 것이다.

애플은 2023년 세계개발자회의에서 새로운 버전의 iOS와 macOS에 트랜스포머 언어 모델을 탑재할 것이라고 발표했다. 이 기능을 이용하면 타이핑을 하면서 동시에 텍스트 추천을 받을 수 있다. 나와 컴퓨터가 동시에 글을 쓰는 것이다. 우리는 과연 이런 기술을 환영해야 할까? 사실 이제는 타이핑을 할 필요도 없다. 생각만 하면 알아서 글이 써지는 미래가 오고 있다. 메타는 뇌파를 측정하고 이를 문자화하는 기술을 개발하고 있는 데, 이러한 뉴럴 인터페이스를 이용하면 키보드나 스마트폰 없이, 생각만으로도 훨씬 빠른 속도로 글을 입력할 수 있다고 한다. 이는 문자 생성에만 해당되는 것이 아니다. 뇌파를 이용해 문자뿐만 아니라 이미지를 생성하는 기술도 발전하고 있다. 이와 관련해 일론 머스크의 뉴럴링크Neuralink는 뇌-컴퓨터 인터페이스를 빠른 속도로 개발하고 있다. 2024년 초에는 그들이 개발한 기기를 환자의 뇌에 이식하는 수술이 이루어졌다. 영화에서만 보던 일들이 현실 세계에서도 일어나고 있는 중인 것이다.

속도전이 되어버린 언어생활은 우리의 집중력에도 큰 영향을 미치고 있다. 평균적으로 우리가 집중하여 일할 수 있는 시간은 약 20~30분이라고 한다. 이를 활용한 것이 포모도로 기법이다.

하지만 우리의 집중력은 이제 소셜 미디어와 도파민에 좌우되고 있다. 소셜 미디어상의 숏폼 콘텐츠와 트렌드는 초 단위로 빠르게 소비된다. 틱톡, 인스타그램, 트위터, 유튜브와 같은 소셜 미디어 플랫폼을 사용할 때 우리의 뇌에서는 도파민이 분비된다. 도파민

포모도로 기법 Pomodoro Technique
포모도로 기법은 1980년대 후반 프란체스코 치릴로Francesco Cirillo가 개발한 시간 관리 기법이다. 일반적으로 25분 간격으로 업무를 나누고 5분의 짧은 휴식 시간을 두며 4번의 포모도로 후에는 조금 더 길게 15~30분 동안 쉰다. 이러한 주기적인 집중과 휴식의 반복은 집중력과 생산성을 향상시키고 피로감을 줄이며 전반적인 작업 성과를 향상시켰다.

은 쾌락과 동기 부여와 관련된 신경전달물질이고, 웃기고 재미있는 콘텐츠를 접하면 뇌에서 도파민이 분비되고 이는 더 많은 도파민을 찾게 만든다. 소셜 미디어의 빠른 속도감과 도파민 분비 촉진이 콘텐츠에 대한 집중력에 영향을 주는 것이다. 연구에 따르면, 이는 단기적인 주의력과 충동성에 영향을 미칠 수 있고 주의 집중력에 대한 장기적인 영향은 아직 연구 중이다.

2015년에 마이크로소프트에서 실시한 연구에 따르면 소셜 미디어를 사용할 때 Z세대의 평균 집중 시간은 약 8초로, 밀레니얼세대보다 12초가 적었다고 한다. 연구에 따르면 알파세대의 주의 집중력을 조사한 결과 Z세대의 8초보다도 5초 더 짧은 3초로 나타났다.[5] 3초 이내에 즐거움을 얻지 못하면 바로 스크롤을 내리는 것이다. 이는 속도감이 있으면서 가볍고 재미있는 콘텐츠가 인기를 끌고 있고, 이미지와 영상이 문자의 자리를 대신할 수밖에 없는 이유이기도 하다. 2022년 연구에 따르면 미국 아이들은 하루에 평균 8시간 이상을 스크린에서 보낸다고 한다. 그런 아이들이 3초의 집중력을 갖는다는 말은, 그야말로 아이들이 정보와 콘텐츠의 홍수에서 살고 있다는 것을 의미한다.

사람들의 주의 집중력은 계속해서 짧아지고 있으며 이에 따라 콘텐츠도 짧고 강렬해지고 있다. 영화 자막에 할당된 시간은 플랫폼의 가이드라인에 따라 다르지만, 일반적으로 한

번에 약 두 줄의 텍스트로, 보통 한 줄에 공백을 포함해 16자까지 허용된다고 한다. 또한 자막을 표시하는 시간은 일반적으로 한 줄당 1초에서 7초 사이이고, 평균 약 3~4초라고 한다.[6] 시청자가 어려움 없이 자막의 내용을 읽고 이해할 수 있도록 고려한 시간이다. 사람들이 3~4초 안에 자막 내용을 파악하듯이, 브랜드에 대한 첫인상도 짧은 시간 내에 형성된다. 일반적으로 평균 7초가 걸린다고 한다.[7] 기업에서는 소비자의 눈에 띄고 기억에 남는 브랜드를 만들기 위해 짧지만 반복적으로 브랜드를 노출한다.

쇼츠 동영상은 아이들의 집중력을 갉아먹는다. 실제로 유튜브, 틱톡, 트위터(X) 등을 이용해 빠르고 짧은 비디오 콘텐츠에 지속적으로 노출될 경우 뇌가 어떤 영향을 받는지 조사한 연구가 있었다. 이 연구에서 참여자들은 작업에 장시간 집중할 수 없게 되고 지루함과 어려움을 느꼈다고 답했다. 특히 뇌의 기억 과정도 방해를 받아 인지 기능에 과부하가 걸리고 기억 보존과 회상 능력이 떨어질 위험도 발견되었다. 연구진은 쇼츠 같은 짧고 강렬한 영상은 결과적으로 생산성 감소와 학습 능력 저하로 이어질 수 있다고 경고했다.[8]

모든 플랫폼에서 소비자들의 관심을 짧은 시간에 빼앗아가기 위해 노력하면서 우리 소통의 모습이 '빨리, 더 빨리'가 되어가고 있다. 알파세대, 그 후에 태어날 미래 세대는 극단적인 혼돈의 언어를 경험하게 될 것이다. 속도전이 되어 버린 소통의 현장에서 그저 그 속도를 쫓아가기보다 비판적으로 사고할 수 있는 능력이 필요한 때이다. 미래 세대의 언어를 풍성하게 만들기 위해서는 한 걸음 멈춰서 생각할 수 있는 틈이 필요하다.

스크린 너머의
세상이 더 중요하다

디지털 시대, 아이들은 디지털 세상과 어떻게 소통해야 할까? 세계보건기구WHO에 따르면 만 2세 미만의 유아에게는 화면 시청을 완전히 금지하고, 만 2세에서 4세 사이의 어린이에게는 화면 시청 시간을 제한할 것을 권장한다.[9] 과도한 화면 노출은 잠재적으로 주의 집중 시간을 감소시켜 집중력 발달을 방해할 수 있기 때문이다. 또한 화면 자극에 익숙해지면 아이들은 지루함에 대처하기 위한 충동 조절 능력을 기르기 어렵다. 아이들이 비언어적 소통 방법과 사회적 기술을 배우는 데 중요한 대면 상호작용이 제한된다면 공감 능력 발달도 저해될 수 있다. 이에 대해 칼로타 넬슨Carlota Nelson은 아이들의 성장 과정을 추적해 세계적 반향을 일으킨 다큐멘터리 〈뇌의 중요성 Brain Matter〉에서 아이들의 건강한 발달을 촉진하려면 화면 밖 경험이 중요하다는 것을 강조했다.[10]

비슷한 의미에서 미국소아과학회AAP에 따르면 18개월 이전까지는 영상에 노출되지 말 것을, 18개월부터 24개월 사이에는 가족이나 친구와 영상 통화할 때를 제외하고는 화면을 보여주지 말 것을 권고한다. 2세에서 5세까지는 양질의 콘텐츠를 하루에 최대 한 시간 보는 것으로 스크린 타임을 제한한다. 여기서 스크린이란 텔레비전, 컴퓨터 등 모든 전자 기기를 의미한다. 그리고 중요한 점은 어떤 상황에서든 양육자와 함께 시청해야 한다는 것이다. 물론 권고 사항이기 때문에 아이들 각각의 발달 정도, 개인차에 따라 다르게 적용돼야 한다. 하지만 영상을 볼 때는 항상 어떤 상황에서 보게 되는지, 혹은 어떤 내용인지, 질적인 면에서 우수한지를 종합적으로 고려해야 한다. 영상 시청으로 인해 아이들의 신체 활동이나 놀이, 수면, 사회적인 교류 등 균형 있는 발달이 저해되어서는 안 될 것이다.

이의 중요성을 인식한 세계보건기구는 최근 5세 미만 어린이의 건강 증진에 초점을 맞춘 새로운 가이드라인을 발표했다.[11] 아이들이 책상 앞에 있는 시간을 줄이고 신체 활동을 늘리며 수면 패턴을 개선하는 것이 중요하다는 내용이다. 가이드라인에서는 아이들이 앉아 있는 시간을 활동적인 놀이 시간으로 전환할 것을 요청했다. 요청한 독서를 함께 하는 등 보호자와 함께 보내는 양질의 시간 가치를 강조하며, 이는 어린이의 전반적인 발달에 필수적인 요소라고 설명했다.

하지만 실제 세상은 가이드라인대로 흘러가고 있지 않다. 한국교원대학 산학협력단이 작성한 〈2022 디지털 리터러시 역량 강화를 위한 지원자료 및 콘텐츠 개발〉 보고서를 보면 국내 유치원에 재원 중인 만 3~5세 유아의 54.3%는 24개월 이하일 때 디지털 기기를 접한 것으로 조사됐다.[12] 미국의 상황도 다르지 않다. 2020년 퓨 리서치의 연구에 따르면 12세 미만의 자녀를 둔 부모의 3분의 1 이상이 자녀가 5세 이전에 스마트폰과 상호작용을 시작했다고 답했다.[13] 이 중 31%는 2세 이전에, 29%는 3세에서 4세 사이에 스마트폰을 사용하기 시작했다는 것이다.

이후 2022년에 미국에서 실시한 퓨 리서치 조사에 따르면, 팬데믹 초기에 자녀의 기기 사용에 대한 부모들의 우려가 눈에 띄게 증가한 것으로 나타났다.[14] 태블릿PC를 사용하는 어린이가 81%(68%에서 매우 증가), 스마트폰을 사용하는 어린이가 71%(63%에서 증가), 게임 콘솔이나 휴대용 기기를 사용하는 어린이가 51%에 달하는 등 디지털 기기를 사용하는 어린이가 더 많이 관찰됐다. 또한 설문조사에 따르면 나이가 어릴수록 디지털 기기 사용에 대한 선호도가 더 높았다. 이에 따라 스마트폰, 비디오 게임, 소셜 미디어 등을 사용하는 스크린 타임에 대한 부모들의 우려가 커지고 있는 것으로 나타났다.

이처럼 디지털 기술이 청소년에게 미치는 영향은 양면적이다. 디지털 활동의 긍정적인 측면을 살리면서 부정적인 영향을 최소화하는 방안을 찾는 것이 이제 우리 사회가 직면한 중요한 과제라고 할 수 있다.

디지털 디톡스 역시 그 필요성이 부각되고 있다. 아이들이 디지털 기기로부터 잠시나마 벗어나, 현실 세계와 교류하는 경험을 할 수 있도록 해야 한다. 가족과 함께하는 책 읽기, 산책, 운동 등은 아이들이 스스로를 표현하고 자신감을 쌓으며 삶의 만족도를 높일 기회가 될 것이다.

결과적으로 디지털 패러독스를 다루기 위해서는 교사, 부모, 심리상담사의 협력이 중요하다. 이들이 함께 힘을 합쳐 청소년들이 건강한 디지털 환경에서 성장할 수 있도록 지원해야 한다. 디지털 패러독스 문제는 단순한 기기 사용 시간 축소에 그치지 않는다. 청소년들이 신체 건강과 정신 건강을 유지하며 자존감 높은 사회의 일원으로 성장할 수 있는 환경을 조성하는 데 가장 큰 목표를 둬야 할 것이다.

8

새로운
정체성의 시대

"우리는 매우 좋은 친구이며,
세계 평화를 위해 협력하고 있습니다."

_ 딥페이크로 만들어진 도널드 트럼프 전 미국 대통령과
블라디미르 푸틴 러시아 대통령의 대화 중에서

디지털 가면을 쓴
미래 언어

오스카 와일드는 "인간은 자기 자신으로 말할 때 가장 자기 자신이 아니다. 그에게 가면을 씌워주면 그는 진실을 말할 것이다(Man is least himself when he talks in his own person. Give him a mask, and he will tell you the truth.)"라고 말했다. 인간 본성에 대한 이러한 관점은 아바타 커뮤니케이션이 점점 더 대중화되고 있는 디지털 시대에 큰 반향을 불러일으킨다.

진정성을 드러내기 위해서 가면이 필요하다는 와일드의 개념은 역설적으로 보일 수 있지만, 인간의 상호작용에 대한 깊은 고찰을 품고 있다. 사람들이 종종 자신의 진짜 모습을 드러낼 때 사회적인 기대나 개인적인 억압 때문에 표현의 제약을 느끼기 때문이다. 이에 반해, 가면 또는 디지털 커뮤니케이션의 맥락에서의 아바타는 익명성과 자유로움을 제공함으로써 얼굴을 맞대고 이야기할 때보다 훨씬 진실된 의사 표현을 가능하게 한다.

아바타는 온라인 포럼, 소셜 미디어 플랫폼, 메타버스의 가상세계에서 다른 사람과 상호작용을 할 때 사용하는 디지털 가면이다. 외모나 사회적 지위가 상호작용에 영향을 미칠 수 있는 오프라인 커뮤니케이션과 달리 아바타는 모든 조건을 없애고 평등한 소통을 가능하게 한다. 기존의 판단이나 고정관념에 구애받지 않고 자신을 표현하는 방식을 선택할 수 있게 해주는 것이다. 아바타를 활용한 커뮤니케이션은 소통의 장벽을 뛰어넘고 사회적 편견을 극복하는 방법이 될 수 있다.

아바타의 핵심은 성별, 나이, 사회적 배경 등을 사용자가 원하는 대로 숨기거나 변경할 수 있다는 점이다. 아바타를 통해 사회에 존재하는 성별에 대한 편견, 나이에 따라 달라지는 불공평한 대우, 사회경제적 지위를 나타내는 요소 등으로부터 벗어날 수 있다. 이에 따라 아바타를 통한 커뮤니케이션에서는 더 개방적이고 평등한 아이디어 교환이 가능해진다. 사회적인 편견, 판단에 묶여 있지 않은 생각과 의견을 공유할 수 있는 것이다.

성별이나 나이, 사회적 배경에만 국한되는 것이 아니다. 많은 사회에서 뿌리 깊은 문제인 인종적인 편견도 완화될 수 있다. 또한 실제 세계에서 장애를 가진 사람도 여러 가지 신체적

혹은 물리적 제약에서 벗어나 동등한 목소리를 낼 수 있다는 점에서 아바타 커뮤니케이션은 여러 긍정적인 포용성을 가지고 있다.

가상세계가 가진 익명성의 장점 덕분에, 미래 세대 중 특히 내성적인 아이들에게는 가상세계의 의사소통이 더 효과적일 수 있다. 외국어 교육의 맥락에서 진행된 연구에 따르면 가상세계 기술은 일본 학생들의 영어 회화 시간에 불안감을 줄이고 즐거움을 높이는 효과를 가져왔다.[1] 프랑스어 학습자들도 가상세계 환경에서 그룹 과제를 할 때 불안감이 낮게 나타나는 것으로 밝혀졌고, 실제 스트레스 호르몬인 코르티솔 분비가 줄어드는 신체적인 변화가 있었다.[2] 연구에 따르면 아바타를 사용하는 것이 우리가 어떻게 생각하는지에도 영향을 미친다고 한다.[3] 아바타의 모습을 어떻게 구현하는지에 따라 인지적인 능력의 차이를 보여주는 것이다. 이는 낮은 자존감을 가진 참가자들에게서 더 크게 나타났다.

그러나 아바타 커뮤니케이션에도 주의해야 할 사항이 없는 것은 아니다. 현실의 대면 상호작용에서는 제스처나 목소리, 눈빛 등의 비언어적 단서가 중요한 역할을 하지만, 가상세계에서는 이러한 요소가 희석될 것이다. 따라서 대화의 깊이가 얕아지거나 맥락을 알아채기 힘들 수 있다.

또한 아바타는 기존의 편견을 완화하는 대신, 새로운 편견을 만들어내거나 강화할 수도 있다. 아바타의 디자인, 성별, 종種, 출처나 심지어 목소리까지 새로운 편견을 낳는 근거가 될 수 있는 것이다. 아바타 커뮤니케이션이 가진 특징인 익명성은 속임수나 범죄에 쓰이는 등 양날의 검이 될 위험성도 있다.

미래 언어의 딜레마, 디지털 휴먼과 디지털 페이크

옥스퍼드대학 졸업식에 항상 등장하는 말이 있다.

> "진리에 매우 근접한 가짜 진리와 진짜 진리를 구별하는 능력을 가르치는 것이 바로 교육의 목표이다(The aim of education is to teach the ability to distinguish between truth and falsehood that closely resembles truth)."

진리 같아 보여도 가짜인 것이 있듯이, 언어에도 우리를 혹하게 하는 가짜 언어가 있다. 예를 들어 나는 얼마 전, 이메일을 하나 받았다. 내가 가입한 영국 이동통신사가 소비자 만족도 조사를 했는데, 이벤트에 당첨됐다면서 어떤 상품을 받을지 선택해달라는 것이었다. 나는 기쁜 마음에 이메일까지 입력했는데, 곧이어 개인정보를 추가로 요구하는 것을 보고는 비로소 이 이메일이 사기라는 사실을 알아차릴 수 있었다. 나는 급히 웹브라우저를 닫았다.

저 일화를 통해 나는 지금처럼 수많은 정보가 유통되는 디지털 시대에 우리는 어떤 언어가 진짜이고 어떤 언어가 가짜인지 일찍부터 배워야 한다는 사실을 절감할 수 있었다. 이것이 미래 세대를 살아가는 이들에게는 필수적인 미래의 '생존 문해력'이라고 할 수 있다.

미래 언어생활에서 이미지로 소통하는 것이 더 간단하고 직관적이라고 생각하기 쉽다. 그러나 사실 전혀 그렇지 않다. 앞에서 밝혔듯이 이미지 언어는 문자 언어보다 해석할 수 있는 여지가 다양하고 오해와 혼돈을 야기할 수 있다. 구글이 2023년 4분기에 출시한 스마트폰 픽셀8과 픽셀8 프로는 인공지능을 활용하여 사진에서 얼굴 표정을 변경하는 기능을 제공한다.[4] 베스트 테이크Best Take라고 불리는 이 기능은 그룹 사진에서 웃고 있지 않은 사람 위에 다른 사람의 이미지를 교묘하게 덧씌우는 게 가능하다. 매직 에디터Magic Editor는 사진에서 원치 않는 요소를 지우거나 옮기고 크기까지 조절하는 기능을 제공한다. 이러한 기능은 구글 포토 라이브러리에 있는 사진이라면 어느 것에든 적용할 수 있다. 즉, 모든 사진을 손쉽게 '포토샵할 수 있는 것'이다.

사람들은 이러한 인공지능 기능이 사진의 신뢰성을 훼손

한다고 윤리적 문제를 제기하지만, 구글은 인공지능을 활용해 사진을 더 아름답게 만들기 위한 것일 뿐이지 실제 현실을 재현하는 게 아님을 강조한다. 인공지능이 이미지 처리에 어디까지 사용될 수 있는지에 대한 질문은, 그 경계가 불분명하며 여러 윤리적 문제를 낳는 중요한 주제이다.

2023년 초, 바이든 미국 대통령이 성소수자를 폄훼하는 영상을 익명의 네티즌이 딥페이크deep fake 기술로 제작해 소셜 미디어에 유포한 적이 있다.[5] 특히 너무도 똑같은 목소리 때문에 대중은 그 영상의 진위를 가리기 어려워했다. 나와 똑같은 모습을 한 사람이, 나와 똑같은 목소리로, 내가 한 적도 없는 말을 하는 영상을 만드는 게 가능해진 시대가 와버렸다. 목소리와 이미지를 복제하고 언어 패턴까지 훈련시키면 어렵지 않게 디지털 휴먼을 만들어낼 수 있다. 이제 점점 더 디지털 페이크를 방지하기 어려워질 것이다.

유명한 가수의 목소리를 기존의 노래에 합성하는 인공지능 커버곡도 유행하고 있다. 가수들 입장에서는 녹음한 적도 없는 노래가 자기 목소리로 불리고 팬들이 즐기는 당황스러운 현실이다. 최근 팝 가수 라우브Lauv가 한국어로 〈러브 유 라이크 댓Love U Like That〉이라는 노래를 부르면서 많은 한국 팬들의 관심을 받았다. 어떤 사람들은 라우브가 한국어를 배웠다고 생각했을 것이다. 하지만 라우브의 에이전시는 보도자료를 통해 "인공지능을 사용하여 다른 한국인 가수가 부른 노래를 라우브의 목소리로 변환한 것"이라고 밝혔고 많은 팬들이 혼란스러워했다.[6]

인공지능을 통한 영상, 목소리 합성 기술 등은 날이 갈수록 더 다양해지고 있고 발전하고 있다. 이런 시대에 진실된 정보를 찾는 능력을 갖추지 못한다면 우리는 큰 위험에 빠질지도 모른다.

나와 똑같이 말하는
디지털 휴먼의 시대가 오고 있다

옥스퍼드 영어사전에 아직 '디지털 휴먼'이라는 단어가 등재되지는 않았다. 하지만 디지털 휴먼은 이미 유행하고 있고 가장 주목받는 사업 중 하나가 되었다. 공상 과학 만화에서나 볼 법했던 디지털 휴먼이 인공지능과 3D 애니메이션 기술의 발전 덕택에 현실이 되었다. 디지털 휴먼의 가장 큰 잠재력은 다양한 산업 분야에 활용할 수 있다는 점이다. 이 때문에 디지털 휴먼 시장에 대한 투자가 급증하고 있다.

미국의 세계적인 정보 기술 연구 및 자문 기업 가트너Gartner는 전 세계 디지털 휴먼 시장 규모가 대화형 인공지능, 딥러닝, 자연어 처리와 같은 첨단 기술의 도입에 힘입어 2021년 113억

달러에 달했으며 2035년에는 북미를 중심으로 1,250억 달러가 될 것으로 예상했다.[7] 디지털 휴먼은 실제 사람과 소통하는 것과 같은 자연스러움 때문에 가상 고객 서비스나 의료, 교육 등의 분야에서 유용하게 쓰일 수 있다. 사실적인 컴퓨터 그래픽과 머신러닝 알고리즘으로 구현되어 정교하고 사실적인 이미지를 보여주는 것이다. 기존의 텍스트 전용 챗봇이 가진 특성과 디지털 비서가 가진 특성을 결합한 디지털 휴먼은 더욱 생생하고 인간적인 상호작용을 제공할 것이라고 예상된다.

영화 〈크리에이터The Creator〉는 인류를 지키기 위해 만들어진 인공지능이 핵폭탄을 터뜨린 후 벌어지는 인류와 인공지능 간의 전쟁을 그리고 있다. 작중 인류에 최대 위협이 되는 인공지능 무기는 인간 아이의 모습을 한 인공지능 로봇이다. 영화를 보다가 'Donate your likeness'라는 문구가 적힌 광고판이 내 눈을 사로잡았다. 우리말로 옮기자면 '자신다움을 기부하세요'인데, 자신의 목소리도, 얼굴도 기부하라는 의미이다. 문구처럼 '자신다움'을 기

디지털 휴먼

디지털 휴먼은 인간과 유사한 외형이나 행동을 구현한 인공지능의 가상 인물을 말한다. 지금도 최신 인공지능 기술을 활용해 인간과 실시간으로 상호작용이 가능하며, 감정 반응이나 인간적 대화를 구현할 수 있다. 예를 들어 기업이 고객 서비스를 위해 디지털 휴먼을 만들어 365일, 24시간 언제든 솔루션을 제공할 수 있다. 교육 분야에서는 학생의 학습 특징과 학습 능력을 분석해 맞춤형 인공지능 교사로 활용될 수 있다. 디지털 휴먼은 이외에도 엔터테인먼트 분야에서 크게 발전하고 있다.

미래 언어가 온다

부하면 인간을 꼭 닮은 인공지능이 만들어진다. 영화관을 나온 후에도 저 문구가 계속 머릿속에 맴돌았다. 나를 닮은 인공지능은 좋은 것일까, 나쁜 것일까? 인공지능이 우리의 외모와 성격을 모사한다면 우리는 어떤 기준으로 그 유사성의 한계를 정할 수 있을까? 나와 매우 유사한 디지털 휴먼이 만들어진다면 내 정체성에 어떤 영향을 미칠까?

챗GPT처럼 접근성이 뛰어난 고급 인공지능에는 우리의 생활 방식을 근본적으로 변화시킬 잠재력이 있다. 그렇기 때문에 우리는 디지털 활동이나 가상 활동에 비판적으로 접근할 필요가 있다. 규제되지 않은 사용이 일으킬 수 있는 잠재적 위험을 예방하기 위해 신속하게 안전장치를 마련해야 할 때이다.

지금까지 인공지능 기술에 대한 비판적 접근과 안전장치 마련의 중요성을 살펴봤다. 우리는 그 중요성을 인식하는 동시에 인공지능 기술이 가져올 미래 언어와 변화를 이해하고 수용하는 태도도 가져야 한다. 지식의 올바른 판별과 지혜로운 운용이 중요한 시기에, 우리는 기술 발전이 우리 사회에 미치는 긍정적인 측면과 가능성도 함께 탐색해야 하는 의무가 있다.

미래 언어의 도래를 부정하거나 미래 언어 그 자체를 비난해서는 안 된다. 이는 시대착오적 사고이다. 오히려 현재 일어나고 있는 현상과 미래에 우리가 맞이할 변화를 이해하려는 노력이 필요하다.

물론 인공지능과 미래 언어를 무조건 긍정하거나 지식을 생각 없이 받아들여서도 안 된다. "지식은 힘이다"라고 프랜시스 베이컨이 말했지만, 분별력 없는 지식은 오히려 혼란을 초래할 수 있기 때문이다. 기술 발전은 언어에 가능성과 동시에 위기를 안겨준다. 지금 시점에서 중요한 것은 지식 그 자체가 아니라, 광범위한 지식을 올바르게 판별하고 이해하는 능력이다. 우리는 정보와 지식을 운용하는 지혜가 필요한 시대를 살고 있다. 우리가 무엇을 생각하고, 어떤 태도를 취하는가에 따라서, 인공지능은 알라딘의 지니가 될 수도 있고 아닐 수도 있다.

인공지능은 흉내 내지 못하는
인간만의 언어

익명성의 언어가 표현의 자유를 지켜준다고 생각할 수 있지만, 동시에 아무도 책임지지 않는 언어를 낳는다는 문제도 있다. 동전의 양면 같은 것이다. 아바타나 디지털 휴먼을 통한 의사소통을 할 때 기본적인 소통의 에티켓이 지켜지지 않을 수도 있고, 그것을 넘어 언어폭력도 발생할 수 있다. 앞으로 인간과 닮은 로봇이나 디지털 휴먼과 대화하게 된다면, 어떻게 대응(reaction)해야 하고 어떤 경계(boundary)를 설정해야 할지에 대해 우리는 아직 경험이나 규정(protocol)이 없다. 이에 대한 지침과 윤리에 대한 연구가 매우 시급한 상황이다. 익명성은 솔직함을 주기도 하지만 폭력성을 주기도 한다. 이미 우리 사회는 보이스 피싱이나 딥페이크 등 여러 가지 심각한 윤리적인 문제를 겪고 있다. 미래에는 이런 문제들이 더 심화하고 자주 발생할 것이다.

소셜 미디어 환경에서든 메타버스에서든, 아바타 커뮤니케이션은 우리가 다른 사람들과 소통하는 방식을 변화시키고 있고, 오스카 와일드의 100년 전 고찰이 그 어느 때보다 더 적절하게 다가오고 있다. 아바타 커뮤니케이션은 현실 세계의 상호작용과는 다른 방식으로 솔직해질 기회를 제공하는 동시에 새로운 편견과 속임수라는 판도라 상자를 열어줄 수도 있다. 아바타는 와일드가 말한 가면이 현대 기술로 구현된 것으로, 진정한 자신을 드러내고 싶은 인간의 욕구를 반영한다. 디지털 세계에서의 상호작용이 점점 더 많아지고 있는 세상에서, 아바타는 우리로 하여금 익명성과 진정성 사이의 미묘한 균형점을 탐색하면서 복잡한 정체성을 표현할 수 있게 해줄 것이다. 이는 미래 언어에서 중요한 연구 주제이며 진짜 인간의 말과 인간을 대리한 어떤 것의 말을 구분하는 데 초점을 맞추어야 한다는 것을 시사한다. 기존의 언어학이 인간의 언어만을 다루었다면, 이제는 인간만이 할 수 있는 언어를 인공지능과 구별하는 연구의 필요성이 대두되고 있다.

앞서 말했듯이 인공지능이 발달할수록 인간 언어를 모방하는 능력 역시 더욱 정교해질 것이다. 인공지능의 언어를 판독하는 방법 역시 계속 발전하겠지만 지금도 완벽하지 않거니와 앞으로는 더욱 난해한 문제가 될 것이다. 사실 이런 상황은 텍스트뿐 아니라 이미지와 오디오와 같은 다양한 분야에서도 마찬가지다. 바야흐로 인공지능이 인간의 작품을 모방하여 생성한 그림과 실제 인간의 그림을 구분하기 어려운 수준에 이르렀다. 읽는 언어, 그리는 언어, 듣는 언어 등 언어의 모든 유형에서 판독과 감지 도구를 지속적으로 개발하고 발전시켜야 할 필요성이 점점 커지고 있다. 따라서 미래 언어의 연구와 개발은 단순히 언어 자체에 국한되어서는 안 되며 인간과 기계 그리고 그 사이의 상호작용에 대한 깊은 이해를 바탕으로 진행되어야 할 것이다.

머지않아 인공지능이 만들어 낼 언어는 인간이 만들어내는 언어와 문자상에서는 구분하기 힘들 정도로 발전할 것이다. 그때 가장 위험한 것은 바로 인공지능이 만들어내는 '페이크 커맨드fake command'이다. 페이크 커맨드란 '인공지능이 생성하여 실제와 구분하기 어려운 가짜 명령어나 가짜 데이터'를 말한다. 페이크 커맨드는 인간 사용자를 속여서 잘못된 행동을 유도하는 인공지능의 잠재적인 위험 요소이다.

페이크 커맨드가 진짜인지 가짜인지 판별하는 기준은 문법의 정확성이 아니라, 오히려 인간 언어만이 보여줄 수 있는 여러 가지 불완전성 속의 진실성(authenticity)에서 찾을 수 있을 것이다. 쉽게 말하자면, 오탈자나 말 더듬기 또는 완벽하지 않은 글의 구조나 정형화되지 않은 문장에서 인간다움을 발견할 수 있다는 것이다.

미래 언어 트렌드 인간 언어의 인증 코드authenticity code

아주 가까운 미래에 인공지능 언어의 발달에 의해 페이크 커맨드가 매우 정교해지고, 우리 인간은 예상치 못한 큰 위험에 노출될지 모른다. 따라서 페이크 커맨드를 방지하기 위해, 어떤 말이 인간의 언어인지 아닌지를 가리는 인간 언어의 인증 코드 개발이 시급해 보인다.

인간 언어의 인증 코드는 인간 언어 고유의 특성과 불완전성을 인식하고, 가짜와 진짜를 구별해줄 것이다. 이때 인증 코드는 단순한 숫자나 문자의 무의미한 나열이 아닐 것이다. 그 기반은 개인의 독특한 경험과 감정 혹은 의사소통 구성원만의 독창적인 의사소통 방식일 수도 있다.

9

1퍼센트의
인간다움

"최소한 두 가지 언어를 할 줄 알아야
그중 한 언어를 제대로 이해할 수 있다."

_ 지오프리 윌런스, 영국 작가

미래 세대의 문해력을 논하는 이들은 대개 어휘나 문법을 집중적으로 조명하곤 한다. 그러나 미래 세대에 가장 중요한 능력은 '대화 문해력'이다. 싸우지 않고 대화다운 대화, 토론다운 토론을 할 수 있는 능력이 매우 중요하다.

대화 문해력conversational literacy 대화 문해력이란 대화에서 의미를 구성하고 이해하는 능력을 말한다. 단순히 서로의 언어를 이해하고 그에 대답하는 것을 넘어서 대화 상대방의 의도, 감정, 문화적 배경, 비언어적 신호(몸짓, 표정, 목소리 높낮이 등)를 포함해 다양한 요소를 파악하고 이를 기반으로 효과적으로 소통할 수 있는 능력이다.

얼마 전, 학과에서 진행한 스태프 미팅에 참여한 적이 있다. 도서관 재건축 프로젝트에 투입되는 예산을 어떻게 운용할지에 대한 미팅이었다. 크게 대립하는 두 가지 의견이 존재했기 때문에 대화는 두 시간 넘게 진행됐다. 하지만 그동안 그 누구도 강압적으로 의견을 내거나 감정적으로 발언하지 않았다. 각자가 의견을 내고 다른 사람들의 의견을 경청했다. 누군가는 두 시간 이상 걸리는 대화가 비효율적이라고 생각할 수도 있다. 사실 효율성의 측면에서는 리더 한 명이 결정하고 나머지가 따라가는 방식으로 하는 의사결정이 가장 편리하다. 하지만 나는 이렇게 자유롭게 의견을 나눌 수 있는 대화 문해력이 미래 세대에 가장 필요하다고 믿는다.

AI의
한국어 울렁증

지금까지 20년 동안 영국 생활을 하면서 느끼는 한국 언어 생활의 아쉬운 점은 바로 대화의 부재였다. 한국인들은 대화가 부족하다. 가족끼리 혹은 친구와의 대화를 말하는 것이 아니다. 나이, 성별, 직업, 직책 등에서 서로 다른 배경을 가진 사람들 혹은 서로 낯선 사람들 간의 대화가 부족하다. 한국어라는 언어 내에는 낯선 사람과 대화를 제한하는 언어의 구속과 제약이 많고 이는 인간관계의 걸림돌이 되기도 한다. 한국의 언어 교육에 관해 말하면서 우리는 외국어 울렁증, 영어 울렁증에 대해 이야기하곤 한다. 하지만 내가 생각하는 더 큰 문제는 '모국어 울렁증'이다. 가장 편해야 할 모국어가 우리 자신에게 두려움을 주기도 한다. 혹여 잘못된 호칭을 사용하지는 않을지, 어느 정도의 높임말을 써야 할지, 이 사람은 저 사람과 어떤 관계이고 누구에게 존대해야 하는지 등 이 모든 것을 고민하다 보면 마음이 편치 않다. 입을 떼는 것조차 쉽지 않다. 그 때문인지 한국 사회에서 일어나는 수많은 우발적 범죄가 바로 잘못된 호칭과 반말 사용 등 언어 때문인 경우가 많다.

구글이 아시아 언어를 영어 같은 서양 언어로 번역할 때 가장 어려워하는 것이 바로 감정과 태도에 관한 부분이다. 더 쉽게 말하면, 우리말을 비롯하여 많은 아시아 언어는 일인칭, 이인칭 대명사 사용이 쉽지 않다. 아주 복잡하다. 대부분의 경우 우리는 '너, 당신'과 같은 이인칭 대명사를 피해서 말해야 한다. 나는 2020년에 《Pragmatic Particles》라는 책을 쓰면서 많은 아시아 언어에 대해 활용적 관점에서 연구했다(책의 제목을 우리말로 옮기자면《활용론적 조사 분석: 맥락에 따른 언어의 조각들》이라 할 수 있다). 그 과정에서 한국어는 아시아 언어 중에서도 더 복잡한 요소를 가지고 있다는 것을 발견할 수 있었다.[1] 바로 그 요소 때문에 미국 국방부는 한국어를 아랍어, 중국어, 일본어와 함께 영어권 학습자가 배우기 가장 어려운 언어로 꼽았다.[2] 어느 정도 한국어를 구사하기 위해서는 2,200시간, 88주의 학습이 필요하다고 한다.

이 같은 한국어와 영어의 차이 때문에 아직 구글 같은 기계 번역은 우리 정서나 관계와 관련된 표현을 제대로 옮기지 못하고 있다. 한국어에 켜켜이 쌓여 있는 관계에 대한 요소는 사람 간에 친밀함을 형성해준다는 장점도 있지만, 동시에 소통의 단절과 분절을 가져오기도 하니 실로 동전의 양면과도 같다. 그런데 이런 한국어의 복잡다단한 호칭 및 관계어가 인공지능 번역의 걸림돌이 될 수도 있다는 것은, 어찌 보면 한국어를 구사하는 인간의 능력을 인공지능이 당분간 따라오기 힘들 것이라는 추측을 가능하게 한다. 여기에서도 한국어가 지닌 양면성이 잘 드러난다.

한국어 존댓말은 미래 언어에도 그대로 남아 있을까?

한국어가 가진 구속과 제약에 대해 100년 전 국어학자였던 학범 박승빈은 언어 개혁을 주장한 바 있다.[3] 그가 제안하고 실천했던 언어 개혁 운동은 크게 세 가지 내용으로 정리되는데, 성명이나 성과 함께 '씨'를 쓰는 것으로 경칭을 통일하는 것, 이인칭 대명사 '당신'을 적극적으로 사용하는 것, 나이나 계급에 상관없이 서로 존댓말을 사용하는 것이었다. 박승빈 선생은 이러한 언어 개혁을 통해 사회적 평등을 실현하고자 한 것으로 보인다. 하지만 그가 지적했던 우리말의 문제는 아직도 우리 사회에서 해결되지 않은 것 같다. 오히려 심화하고 있는 게 아닌가 하는 생각까지 든다.

조선 시대에는 계급의 언어 차별이 존재했다면, 지금은 사회·경제적 배경에 따른 언어 차별이 존재한다. 한국어에서는 서로 이름을 부르지 않고 다양한 호칭을 사용하는데, 같은 사람이라도 어떤 복장을 하고 어디를 가느냐에 따라서 호칭이 변하고 듣게 되는 언어가 다르다는 연구가 있었다.[4] 예를 들면, 같은 사람이라도 잘 치장을 하고 백화점에 가면 '사모님'이지만, 평범한 옷을 입고 시장에 가면 '아줌마'가 되는 것이다.

나이 차이도 한국에서 언어를 구속하는 큰 요인이다.[5] 심지어 아주 어린아이들조차도 겨우 한두 살 차이로 호칭이나 반말 사용 같은 언어 문제가 발생한다. 언젠가 대여섯 살 아이들의 언어에 대한 다큐멘터리를 본 적이 있다. 아이들은 이름을 묻기도 전에 서로의 나이를 물어봤다. 여섯 살 아이는 다섯 살 아이와 친구가 될 수 없다. 다섯 살 아이는 여섯 살 아이를 '형'이라 불러야 하고 '너'라고 부르면 안 된다. 반말을 해서는 안 된다는 어른들의 가르침이 있었을 것이다. 그 어린 나이부터 누군가는 '너'를 사용할 수 있고, 누군가는 사용할 수 없다는 비대칭적인 관계가 형성되는 상황에서 대화다운 대화를 하기는 쉽지 않고, 이에 따라 인간관계에도 큰 제약이 생긴다.

하지만 사회의 인구 구성이 변화함에 따라 언어의 모습도 변할 수 있다. 우리에게 닥친 인구 절벽이 언어 사용에 변화를 불러올 가능성이 있기 때문이다. 한국어의 중심에는 다양한 호칭어가 존재하는데, 절대 인구가 줄면서 친족도 함께 줄고 이 과정에서 친족어를 비롯한 호칭어도 쓸 일이 없어진다. 이런 미래에는 언어가 더 단순화될 것이다.

앞으로 삼촌, 이모 같은 단어는 점점 접할 일이 없어지고 이종이니 고종이니 하는 구분도 없어지게 될 것이다. 복잡한 관계어들이 모두 사라지는 것이다. 이것은 인구 변화 구조를 조금만 들여다보면 쉽게 예측할 수 있는 현상이다. 절대로 과장된 이야기가 아니다. 언어의 변화는 우리 생각보다 그 속도가 매우 빠르다. 한 예로 2010년에 카카오톡이 처음 등장한 이후 10여 년간 의사소통 방식에 얼마나 큰 변화가 있었는지를 돌아보자. 카카오톡이 등장하기 전에 우리는 우리보다 나이가 더 많거나 직급이 더 높은 사람들에게 이모지나 이모티콘 보내는 것을 상상하기 어려웠다. 하지만 지금은 이런 방식의 소통이 이상하게 여겨지지 않는다. 앞으로 10년간은 또 다른 변화가 있을 것이다. 이미지 언어의 비중이 커지면서 한국어의 존댓말도 큰 변화를 맞이할 가능성이 매우 높다.

인간 언어의
끌리는 맛

시대가 바뀌면서 언어 구속과 제한은 점차 완화될 것이다. 한국 사회에서 대화다운 대화가 더 많아지는 계기가 되기를 희망한다. 가족 간에도, 직장에서도, 지시와 잔소리 또는 말대꾸 같은 위계적인 모습보다 풍요로운 대화가 오가야 한다.

정치인과 공직자 사이에도 대화가 많아야 한다. 한국 미디어에서 자주 보이는 의사소통 장면은 감정적일 때가 많다. 말투를 문제 삼고, 말꼬투리를 잡고, 서로 '지적질'을 하곤 한다. 그러다 결국에는 마이크가 터질 듯이 고성을 주고받은 후 본격적인 몸싸움 단계로 진입한다. 당연히 대화의 핵심은 제대로 드러나지 않는다. 이런 비생산적인 광경이 아닌, 사람들에게 귀감이 되고 더 좋은 세상을 만들기 위한 대화가 필요하다.

미래 세대에 휴머노이드가 등장하고 인공지능과 소통이 늘더라도, 기술이 채워줄 수 없는 것이 바로 인간의 감성과 공감의 영역이다. 아무리 스크린 문해력, 디지털 문해력이 뛰어나도 다른 사람과 공감하며 대화하는 능력이 없다면 인간관계를 유지하고 발전시키기 어렵다. 이때 대화에는 말뿐 아니라 행동, 표정, 몸짓 등 모든 게 포함된다. 이는 사람과 사람 사이의 대화를 통해 배울 수 있다. 특히 다른 사람에게 영감을 주고

(inspire), 동기를 부여하는(motivate) 진심이 담긴 대화는 인공지능과 나눌 수 없다.

그럼 인간 언어의 끌리는 맛은 도대체 어디에 있는 것일까? 그 단서는 인간의 목소리에 있다. 컴퓨터로 제작한 완벽한 인간의 음성은 소위 비유창성(disfluency) 표현이라고 하는 노이즈가 제거된 깨끗한 음성이다. "음", "어" 같은 간투사도 없다. 촘스키는 이러한 비유창성 표현을 가리켜 단순히 인간의 사소한 말하기 실수라고 했다. 하지만 간투사 같은 불완전성과 불규칙성에 바로 인간 언어의 매력이 숨어 있다고 볼 수 있다. 시리나 알렉사 같은 인공지능 목소리는 실수하지 않는다. 그러나 인간은 한 번에 완벽하게 말하는 게 아니라, 말하고 고치고 다시 말하기를 늘 반복한다. 기억에 한계가 있기 때문에 잊어버리기도 하고, 말하다가 이전 내용으로 되돌아가 거듭 말하기도 한다. 우리에게는 이와 같은 불완전한 표현, 음성이나 몸짓이 소통에서 매우 중요하다. 기쁜 일이 생겼을 때, 슬픈 일이 닥쳤을 때, 놀랄 만한 일이 있을 때, 어떻게 표현하는지 떠올려보자. 이러한 인간적인 소리와 몸짓 없이는 진심이 담긴 감정과 메시지가 전달되기 어려울 것이다.

앞서 말했듯이 인간의 언어생활에서는 말로 하는 의사소통뿐 아니라 몸짓, 표정 등 비언어적인 신호도 매우 중요하다. 우리의 감정과 관련된 메시지의 55%는 신체 언어, 특히 표정을 통해 전달된다고 하며 특히 인간의 목소리가 가진 가치는 미래 언어의 숨은 핵심 요소가 될 수 있다.

인공지능이 흉내 낼 수 없는
인간의 말은 무엇이 있을까?

미래에 우리의 언어생활은 신체 언어보다 디지털 언어가 대세가 될 것이다. 이는 너무 분명한 일이다. 아울러 부분적이라도 인공지능의 영향을 받는 언어가 널리 쓰일 것이다. 영어와 달리 누구에게 말하느냐가 말의 형태에 큰 영향을 미치지는 않는 언어의 경우에는 인공지능의 언어와 인간의 언어를 구분해내기가 더 어려워질 것이다. 반면에 한국어에서 반말과 존댓말처럼 사회적인 맥락에 따라 다르게 말하는 것이 말을 복잡하게 만드는 경우, (불행일 수도 있고 다행일 수도 있지만) 인공지능의 언어와 인간의 말을 구분하는 것은 그리 어렵지 않을 수 있다. 그리고 이것은 우리에게 문제가 아니라 기회가 될 것이다. 인간의 언어 보전에 중요한 역할을 할 것이기 때문이다.

인공지능이 숙제를 대신 해주는 것에 대한 큰 걱정 중 하나는 표절이다. 하지만 인공지능이 글을 만들어내는 과정을 보건대, 당장은 크게 걱정하지 않아도 될 것이다. 인공지능으로 만들어진 글은 (최소한 한국어 분야에서 봤을 때) 사람이 쓴 글에 비해 부자연스럽기 때문이다. 그리고 관계와 상황에 맞는 적절한 언어를 구사하지도 못한다. 구글의 제미나이^{Gemini}(명칭 변경 이전에는 '바드'라고 불렸다)나 챗GPT도 자연스러운 한국어 문장을 만드는 데 아직 미숙하다. 물론 2030년이 되기 전에 성능이 크게 개선될 가능성도 있다. 인공지능이 더욱더 많은 데이터로 학습을 하면 조만간 마치 사람과 대화하는 것 같은 자연스러움을 제공할 가능성도 크다. 그러나 학습이 되지 않은 상황에서 인공지능은 적절한 언어를 만들기 어려운 반면, 인간의 언어는 순간적인 기지를 발휘할 수 있다. 이는 미래에 인간의 언어와 인공지능의 언어 사이에 새로운 차이를 만드는 기준이 될 수도 있다.

번역에 담긴
인간 감정의 미학

2020년 골든글로브 시상식 때 봉준호 감독의 수상 소감이 화제가 된 적 있다. "1인치 자막의 장벽을 뛰어넘으면 여러분은 훨씬 더 많은 영화를 즐길 수 있다"는 말이었다. 여기서 1인치의 장벽이란 외국어 영화에 대한 영어권 관객의 심리적인 장벽을 비유한 것이었다. 봉준호 감독은 자막을 봐야 하는 약간의 불편함을 감수하더라도 다른 언어의 영화를 즐기기를 바라는 마음을 전했다.

　사실 1인치의 장벽을 넘기란, 생각보다 쉬운 일이 아니다. 물론 번역 기술이 발전하면서 다른 언어로 된 정보를 주고받는 일은 점점 더 수월해질 것이다. 하지만 언어 간의 간극은 여전히 존재할 것이다.

　박찬욱 감독의 영화 〈헤어질 결심〉은 형사인 해준(박해일 분)이 산속에서 일어난 추락 사고를 해결하던 중 사망자의 아내 서래(탕웨이 분)와 마주하면서부터 이야기가 전개된다. 영화에서 서래는 중국에서 한국으로 귀화했고 한국어를 할 수 있는 것으로 나온다. 하지만 해준에게 자신의 감정을 드러낼 때는 중국어로 말한다. 그다음에 스마트폰으로 중국어를 한국어로 번역한다. 스마트폰의 번역 애플리케이션은 서래 대신 한국어로 해준에게 말을 해준다. 영화 내내 해준과 서래의 대화를 들어보면 해준의 한국어, 서래의 한국어와 중국어 그리고 번역 애플리케이션의 목소리가 '공존'한다.

　인공지능을 이용한 번역과 통역 기술의 발전 속도는 우리가 상상할 수 없을 정도로 빨라지고 있다. 2024년 초에 삼성전자가 선보인 갤럭시S24는 온디바이스 인공지능을 탑재해 통화 중 동시통역 서비스까지 제공한다.[6] 앞으로 번역의 기술이 계속 발달하면 마치 〈헤어질 결심〉에서 서래와 해준처럼 인공지능을 이용해 소통하는 사람이 늘어날 것이다. 섬세한 감정은 자기가 편한 언어로 표현하고, 전달하고 싶은 내용을 인공지능 번역기의 도움을 받는 식이다. 물론 모국어가 아닌 언어로 감정까지 전달하기는 힘들다. 그래서 번역의 과정에서 예기치 않게 불화가 생기기도 한다.

얼마 전 런던의 큰 서점인 포일즈Foyles에 갔더니 천명관 작가의 《고래》 한국어판과 영어판이 나란히 놓여 있었다. 영국 서점에 한국어책이 있다는 게 신기하기도 했지만, 앞으로 우리가 여러 언어가 공생하는 세계에서 살아갈 모습을 미리 보여주는 것 같기도 했다. 이미 온라인 공간에서는 이런 모습을 쉽게 발견할 수 있다. 유튜브나 인스타그램의 댓글에서는 서로 다른 언어를 사용하는 사람들이 자동 번역 기술을 통해서 자연스럽게 대화를 나눈다. 해외여행을 할 때 에어비앤비 숙소 주인과 투숙객이 서로 다른 언어를 쓰더라도 인공지능 번역기의 도움을 받아 문제없이 대화를 나눌 수 있다. 서로 다른 언어들이 공생하면서도 소통이 가능한 것이다.

번역의 역사는 오래되었다. 번역이란 사실 민주적인 정보 공유의 투쟁이라고 볼 수도 있다. 두 언어가 가진 정보의 간극을 좁히고 더 많은 사람이 정보를 소유할 수 있게 해주기 때문이다. 다만 모든 사람이 번역을 반긴 것은 아니다. 특히 기득권을 가진 사람들은 적대적인 입장이었다. 성경 번역은 엄청난 반대와 탄압이 있었다. 내가 일하는 옥스퍼드 허트퍼드 칼리

◆ 포일즈 서점에 진열되어 있는 《고래》 한국어판과 영어판

●●● 앞으로 우리가 여러 언어가 공생하는 세계에서 살아갈 모습을 미리 보여주는 것 같았다.

지Hertford College 다이닝홀에는 영어 성경 번역에 가장 큰 공헌을 한 인물 중 하나인 윌리엄 틴들William Tyndale의 초상화가 걸려 있다. 윌리엄은 성경을 번역했다는 이유로 처형당했다. 1408년, 캔터베리 대주교 토마스 아룬델은 옥스퍼드 헌법에서 성경 번역이 초래할 결과에 관한 우려를 다음과 같이 밝혔다.

"성경 본문을 한 방언에서 다른 방언으로 번역하는 것은 성^제 제롬이 말한 바와 같이 위험한 일이다. 번역이란 의미를 항상 동일하게 유지할 수 있는 게 아니기 때문이다. 그러므로 우리 는 선언하고 명령하노니, 앞으로는 누구도 자기 권위로 성경

인공지능을 도입하면 번역의 일방통행이라는 문제를 더욱 완화할 수 있다. 인공지능을 활용한 번역은 문학, 음악, 영화 등 다양한 분야에서 활용되고 있으며 앞으로 더욱 활용도가 높아질 전망이다. 그러나 이 과정에서 인간의 창의적 개입은 필수이다.

번역 알고리즘을 훈련시킬 때 문맥을 고려하고, 인공지능이 텍스트에서 감정을 인식할 수 있도록 학습 데이터를 제공하는 것, 인간 번역가가 인공지능 번역의 초고를 검토하는 것, 문학적 장치를 인식하고 옮길 수 있는 알고리즘 개발, 인간의 지속적인 피드백 제공, 창의적 언어 사용의 이해와 같은 다양한 방법으로 인간의 개입이 이루어진다. 이러한 과정은 인간의 감성과 감정을 담은 언어가 인간 언어의 핵심이 되어야 한다는 사실을 명백히 보여준다.

> 본문을 영어나 다른 방언으로 번역할 수 없으며, 또 누구도 그런 책을 부분적으로든, 전체적으로든 읽으면 안 된다."

20세기 제국주의 시대 동안, 한국을 비롯한 아시아 나라들은 서양의 글들을 가져다 번역해서 사용하는 데 바빴다. 이 때문에 특정 언어로 된 정보는 다양하지만, 어떤 언어로된 정보는 많지 않아 정보의 양에서 큰 차이가 생기고 말았다. 쉽게 말해, 영어나 유럽 국가의 언어로 된 정보는 풍부했지만, 아시아 언어로 된 정보는 부족한 상황이었다.

그러나 이제 언어의 장벽은 점차 없어질 것이다. 앞서 누차 강조했듯이 영어와 한국어 간 개별 언어의 장벽은 이미 무너지고 있고 이러한 추세는 계속될 것이다. 이런 흐름에 맞춰 우리는 번역에 새로운 관점으로 접근해야 할 필요가 있다.

인공지능으로 번역되지 않는
인간만의 언어

우리가 지금까지 경험한 변화는 이전 세기의 어느 때와 비교할 수 없을 만큼 빨랐지만, 2030년까지 혁신의 속도는 그를 더욱 초월할 것으로 보인다.

기술적 특이점이라는 말이 있다. 레이 커즈와일Ray Kurzweil은 《특이점이 온다》라는 책에서 2045년경에 인공지능이 특이점에 도달할 것이라고 주장했다. 정말 2045년이 될지 아니면 그 이전일지 이후일지 확실하진 않지만, 조만간 그 특이점이 도래할 것이라는 사실은 아무도 의심하지 않는다.

기술적 특이점이 현실이 된다면, 우리 인간이 맞이할 가장 큰 변화는 무엇보다 언어일 것이다. 인간은 더 이상 인공지능의 도움이나 간섭 없이 언어생활을 하기 어려워질 것이다. 실제로 이미 인공지능은 인간의 삶에 더 가까이 다가오고 있고, 이제는 우리가 무엇을 말하고 싶은지도 인공지능이 훤히 아는 세상이다. 말하는 대신 QR 코드를 찍고, 인공지능이 탑재된 스마트폰이 대신 말해주고, 외국어로 척척 번역해주는 시대이다. 인공지능은 세상의 모든 지식을 그럴듯하게 엮어 주며 쉴 새 없이 언어를 만들어내고 있다.

나는 이러다가 인간이 언어를 잃어버리지는 않을지 걱정이 될 때도 있다. 만약 초인공지능이 등장한다면, 인공지능의 언어와 인간의 언어를 구별할 방법이 있을까? 미래에도 우리는 지금처럼 우리의 언어를 소유하면서 소통할 수 있을까? 인간 언어는 지속 가능할까? 우리 언어의 미래는 도대체 어느 방향으로 가게 될까?

인공지능과 관련된 대부분의 기업들은 기술 개발의 목적이 인류의 행복에 있다고 강조하곤 한다. 실제로 디지털 기술은 우리에게 많은 도움을 주겠지만, 그 때문에 우리는 인간과 인간 간의 말을 잃어버리고 결국에는 불행해질 수도 있다. 이에 덧붙여 인공지능과의 대화만으로는 영감을 주고 동기 부여를 하기 어렵다. 아무리 기술이 발달하더라도 현실 세계에서 인간과 인간의 대화가 필요한 이유이다. 기술이 폭발적으로 발전하는 이 시기에 아이들과 더 많은 대화를 나누면서 미래 세대에게 인간 대 인간 대화의 즐거움과 중요성을 알려주는 것이 필요하다.

나는 인간 언어의 기능을 설명할 때 효율(Efficiency), 표현 (Expressivity), 공감(Empathy)이라는 세 가지 요소를 기반으로 한 3E 모델을 사용한다. 3E 모델을 문해력에 대입해보자면,

미래 언어가 온다

정보 이해가 핵심인 효율은 '정보 문해력'이라고 할 수 있다. 그런데 이 정보 문해력에서 인간은 이미 퇴화하고 있다. 인공지능 기술이 발달하는 상황에서 굳이 '기억해야 할 이유'를 상실했기 때문이다. 그다음으로는 표현 문해력과 공감 문해력이 있다. 표현 문해력은 말 그대로 다양한 표현을 가능하게 하는 능력이다. 공감 문해력 역시 공감하는 능력인데, 그룹의 언어 맥락을 이해할 수 있는 능력이 되기도 한다. 만약 표현 문해력과 공감 문해력을 상실하게 되면, 우리는 서로 긴밀한 의사소통이 불가능하게 되고, 대인 관계에서 오해와 갈등이 증폭될 위험이 커진다. 더 나아가, 사회 전체의 공감 능력이 약화되면 집단 간의 공감대 형성이 어려워져 사회적 분열이 심화될 수도 있다.

앞으로 인간 언어의 핵심은 인공지능으로 번역되지 않는 감성과 감정의 언어가 될 것이다. 미래 세대가 감성과 감정의 언어를 익힐 수 있도록 우리가 도와야 하는 이유가 이 때문이다. 인공지능의 언어가 아직 인간 언어에 가장 근접하기 어려운 부분이 있다면 바로 이 언어의 감정적인 부분이다. 아직 인공지능이 인간 언어의 무한한 감정들을 이해하는 데는 많은 한계가 있다. 앞으로 인공지능 언어의 성패는 감정 언어를 이해하는 것이 될 것이고, 감정을 정복해야만 인간이 인공지능과의 대화에 공감과 이해를 하고 서로 신뢰의 관계를 쌓을 수 있을 것이다. 그리고 언젠가 이 시기가 우리에게 다가온다는 사실은 피할 수 없다. 인공지능이 감정을 갖게 되는 일은 다소 두려운 느낌을 주기도 하지만, 감정을 정복한 인공지능 기술을 제대로 활용한다면 사회에서 소외된 많은 사람들에게 선한 도움을 줄 수 있을 것이다.

구글이 번역할 수 없는 '1퍼센트의 인간다움'. 이것은 인간 언어가 유지되고 지탱할 수 있게 하는 이유가 된다. 아무리 인공지능이 변화하고 진화해도 어린 아이가 모국어를 습득하는 데 있어서 부모를 대체할 수 없는 것도 이 때문이다. 사람들에게 정말 중요한 말들, 영혼을 풍부하게 하는 말들은 인공지능이 가르쳐주지 않는다. 미래 언어에서 가장 중요한 것은 인간과 인간 사이의 대화가 될 것이다.

에필로그
미래 세대가
'말'을 잃어버리지 않도록

　업무를 보다가 종종 창문을 통해 바깥 풍경을 보곤 한다. 사무실 밖으로 분주하게 길을 걷는 사람들이 보인다. 그들은 열이면 열, 모두 스마트폰을 보고 있다. 서서도, 걸으면서도, 스마트폰 삼매경이다. 그런 광경을 보고 있자면 우리 인간은 이제 더 이상 말이 필요 없는 시대에 살고 있는 게 아닌가 한다. 하나같이 고개를 약간 숙인 채 손바닥보다 작은 스마트폰 스크린에 집중하고 있다. 입으로 말은 하지 않지만, 손으로 "톡"을 하고 있다. 반대로 말하면, 끊임없이 "톡"을 하고 있지만, 말을 하지 않는 사람들……. 참 아이러니하다.

　생각해보면 요즘에는 점점 말을 하지 않게 된다. 신용카드만 있으면, 스마트폰만 있으면, 세계 어디서든 살아남을 수 있을 것 같다. 예전처럼 여행을 갈 때 여행 책자나 작은 외국어 회화책을 사는 일은 거의 없다. 외국어 교재에서도 '전화로 음식 주문하기'는 시대에 뒤처진 주제가 됐다.

　잠시 하던 일을 멈추고, 하루 동안 있었던 나의 언어를 돌이켜보자. 우리 언어생활에 말의 비중은 과연 얼마나 될까? 말하는 시간보다 스마트폰을 보며 웃고 즐기는 시간이 더 길지 않을까 싶다. 일론 머스크가 창업한 뉴럴링크는 알츠하이머 환자를 돕기 위해 인간 뇌에 이식할 수 있는 컴퓨터 인터페이스를 개발하고 있다. 이 기술이 실용화되면 인간은 입으로 말하지 않고도 서로 소통하는 게 가능해진다.

　현대인은 '디지털에 연결된 인간(Homo Connecticus)'이기도 하지만, 동시에 어느 때보다도 더욱 '고립된 인간(Homo Isolatus)'에 가까운 것이 현실이다. 독일에서는 스몸비Smombie라는 신조어가 등장했다. 거리나 공공장소에서 스마트폰에만 집중하는 탓에 마치 주변 환경이나 다른 사람을 거의 인식하지 못하는 듯 보이는 이들을 좀비Zombie에 빗댄 말이다. 아이폰이 이 세상에 처음 등장한 것이 2007년이고, 같은 해 트위터도 출시되었다. 그후 카카오톡이 나온 것이 2010년, 챗GPT가 출시된 것이 2022년 11월이다. 불과 지난 10여 년 동안 우리는 너무나 급격한 변화를 경험했고, 그 중심에는 포터블 컴퓨터 같은 스마트폰이 있었다. 스마트폰은 우리의 언어생활에서 옵션이 아니라 필수가 되어버렸다. 이렇게 기술이 급진적으로 발전하면서 전보다 더 많은 정보를 매우 빠르게 얻을 수 있게 되었지만, 사회는 유대감이 약화하고 개인은 디지털 세계에 고립되었다. 우리는 기술이 우리의 삶을 지배하는 것을 방치해서는 안 되며, 그 발전 방향을 소통과 연결 강화로 다시 설정해야 한다.

인공지능이 발전할수록 오히려 우리는 우리의 언어를 사수하는 데 더 큰 노력을 기울여야 한다. 태블릿PC 속에서만 아이들이 살게 해서는 안 된다. 미래 세대가 태블릿PC 밖의 언어 세상을 충분히 활보하고 즐길 기회를 만들어줘야 한다. 나는 언어학자로서, 지금 우리 세대에게는 언어를 보존할 의무가 있다고 말하고 싶다. 미래 세대에게 우리의 언어를 전달해줘야 한다. 여기서 반드시 기억해야 할 게 하나 있다. 미래 세대에게 우리 세대의 언어를 강요하면 안 된다는 점이다. 미래 세대의 언어를 두고 옳고 그름의 잣대만으로 평가하는 데 그치고 미래 세대의 표현력과 역동성을 이해하지 못하면 세대 간의 언어 분열과 단절은 더 심각해질 것이다. 그리고 언어 분열과 단절은 곧 관계의 단절로 이어질 것이고, 기성세대는 미래 세대의 방해물이자 '꼰대'로 남을 수밖에 없다.

인공지능이 인간의 창작 영역을 침범할 것인지에 관해 여러 의문과 의견이 제시되고 있다. 인공지능은 창작물을 만들어낼 수 있지만, 깊이 있는 창작과는 아직 거리가 있다는 것이 다수의 의견이다(물론 일부 다른 견해도 있긴 하다). 그러나 중요한 점은 인공지능이 만들어낸 창작물에 우리 자신뿐 아니라 자라나는 아이들이 점점 더 익숙해지고 있다는 것이다. 이런 추세라면 결국 우리는 인공지능의 창작물을 더 선호하게 될 것이다.

자연산 오미자로 만든 음료와 콜라를 예로 들어보겠다. 아이들은 대부분 자연산 오미자 음료보다 콜라를 더 좋아한다. 콜라에 카페인, 색소, 설탕 같은 것들이 들어가서라기보다는 그저 콜라에 훨씬 더 자주 노출되어 자랐기 때문이다. 이미 콜라에 길들여 있는 상황에서 자연산 오미자 음료를 좋아하게 만드는 것은 어렵다. 부모나 선생님이 억지로 아이들의 입맛을 바꾸는 게 옳은 일은 아닐 것이다.

스크린 네이티브, 인공지능 네이티브인 요즘 아이들에게서 스마트폰과 태블릿PC를 빼앗고, 인공지능과 대화하는 대신에 도서관으로 가서 책을 읽으며 지식을 쌓게 하는 것은 입맛을 바꾸는 일보다 훨씬 어려울 것이다. 다소 거친 비유를 들었지만, 인간과 인공지능의 관계 또한 크게 다르지 않다. 다음 세대 아이들이 인공지능의 정보에만 의존한다면, 인간만의 창의력에 바탕을 둔 창작물이 아닌 인공지능의 창작 영역에 갇혀버릴 것이다.

인간의 인간다움, 즉 창의력을 잃어서는 안 된다. 아이들은 인공지능의 편리함에 점점 더 익숙해지고 있다. 우리는 아이들이 다양한 세계를 경험하고, 인간다움을 간직하며, 인간만의 창의력을 이어 나가도록 도와야 한다.

시간이 많이 남아 있지 않다. 너무나도 빠른 기술 발전의 속도만큼이나 우리 아이들에게서 인간다움도 옅어지고 있는 건 아닌지 걱정이다.

우리의 언어를 미래 세대에 전달하는 가장 확실한 방법은 바로 인간과 인간 사이의 질 높은 언어의 주고받음, 곧 대화이다. 대화에서 중요한 점은 일방적인 말하기가 아니다. 대화는 탁구 게임처럼 주고받아야 한다. 원활한 대화는 배움 없이 저절로 되는 게 아니다. 많은 연습이 필요하다. 중요한 것은 말의 양보다도 질이며, 일방적 말하기가 아니라 대화하는 말하기라는 점이다.

특히 아이의 언어 습득에 있어 상호작용의 중요성은 미래에도 바뀌지 않을 것이다. 인공지능과 로봇 등 여러 기술의 발달이 아이의 언어 학습을 도와줄 수는 있다. 그렇지만, 아이가 처음 말문을 열고 언어의 집을 만들어가는 것은 결국 인간과 인간 사이에 존재하는 사랑의 언어로만 가능하다. 이러한 사랑의 언어가 가능한 곳은 다름 아닌 가정이다.

나는 우리 아이들과 '하루 한 시간 대화하기'라는 룰을 언제, 어디서든 지켜 왔다. 아이들이 어릴 때 우리는 런던에서 살았다. 그 때문에 나는 매일 옥스퍼드로 통근해야 했는데, 거리상 서울에서 천안 정도였다. 그래서 집에 오면 아이들이 자고 있을 때가 많았다. 그럼에도 나와 남편은 하루 한 시간, 아침에 반드시 대화하는 시간을 갖고자 노력했다. 이 룰은 지금까지도 이어지고 있다. 내가 출장 때문에 해외에 가도 '온라인으로 만나서' 한 시간 동안 이야기한다. 중요한 점은 각자 할 말만 하는 게 아니라는 것이다. 우리는 대화를 주고받는다. 아이들이 말할 기회를 마음껏 준다. 우리는 모두 그리 해야 한다.

코로나 팬데믹 시기에 태어난 아이들은 그 이전에 태어난 아이들에 비해 함께 놀며 배우는 시간이 상대적으로 적었고 상호작용하며 사회성을 기를 수 있는 기회도 많지 않았다. 결과적으로 코로나 팬데믹 시기 출생아들은 언어 발달이 느린 것으로 나타났다는 연구들이 있다.[1] 팬데믹을 겪으면서 아이들은 디지털 기기에 더 많이 노출되고, 실제로 사람을 만나서 상호작용을 할 기회를 많이 놓쳤다. 청소년이나 성인에게 디지털 언어 학습은 대면 언어 학습을 대체해줄 하나의 기회일 수 있지만, 어린이는 그렇지 않다. 아이들은 먼저 부모 혹은 양육자와 함께 정보나 감정을 주고받고 대화를 하면서 상호작용의 언어를 배워야 한다. 이것이 이뤄진 토대가 있어야 비로소 디지털 언어도, 새로운 언어 습득도 가능한 것이다. 미래 언어에서는 디지털 세상과 현실 세상 사이의 균형이 무엇보다 중요하다는 사실을 절대 잊어서는 안 된다.

이 책은 미래 세대 자녀를 둔 부모님들, 미래 세대를 만날

기업인들, 교육자들, 미래 세대와 소통하고 있는 모든 이에게 도움을 줄 것이다. 이 책의 근본적인 목적은 미래 언어에 대해 옳고 그름을 따지거나 어떤 문제에 관해 솔루션 혹은 처방을 내리는 것이 아니다. 물론 미래 언어의 다양한 정의와 미래 트렌드 예측 그리고 여러 정보를 제공하기 위해 애를 쓰긴 했지만 말이다.

우리가 모두 한 번씩 언어의 미래에 대해 생각해보길 바라는 마음으로, 미래 언어의 모습을 보여 주려 노력했다. 함께 미래 언어에 대해 생각해보는 기회가 되기를 바란다.

감사의 말

《미래 언어가 온다》의 기획 단계부터 마침내 집필을 마무리할 때까지, 이 짧은 기간 동안 기술은 넓은 영역에 걸쳐 급격하게 발전했다. 우리는 인류 역사상 그 어느 때보다 혼돈의 시간을 살고 있는 것 같다. 지금껏 경험하지 못한 속도로 발전하고 있는 저 기술들이 우리를 더욱 행복하게 해줄까 아니면 불행하게 만들까? 답을 찾는 일은 간단치 않지만, 모든 이의 바람은 똑같지 않을까 한다.

이 책을 쓰면서 '인간'에 관해 많은 생각을 했다. 사실 나는 인간 언어의 패턴을 수학화하고자 언어학을 시작했다. 그리고 이제는 언어를 다루는 사람들의 미래에 대해서도 고민하게 되었다. 그 과정 속에서 인간 언어의 매끄럽지 못함과 불완전함이 역설적으로 인간 언어를 가장 인간답게 해준다는 사실을 알게 되었다. 이에 더해, 우리 인간은 완벽한 언어가 아니라 가장 인간다운 언어에 끌린다는 점도 발견할 수 있었다. 그리고 우리가 갖고 있는 언어의 소중함을 다시금 느꼈다. 인공지능이 인간 삶에 너무나 가까이 온 지금, 우리는 이제라도 '비인간 인공지능'이 아닌 우리 '인간'에 많은 질문을 던지기 시작해야 한다고 믿는다.

글을 마무리 지으며, 나와 늘 소통해주고 귀 기울여준 가족에게 감사의 말을 전한다. 집필 과정에서 매우 중요한 질문을 던져 주신 미래의창 김성옥 주간님께도 감사드린다. 아울러 책 내용 정리에 큰 힘을 보태준 윤태연 조교님께도 깊은 감사의 마음을 전한다.

참고문헌

곽민서. (2023년 11월 20일). 2025년부터 '암기식' 9급 공무원 국어·영어시험 바뀐다. 연합뉴스.

국립국어원. (n.d). 줌. 국립국어원 표준국어대사전에서.

국립국어원. (n.d.). 치맥. 우리말샘에서.

김대훈. (2023년 10월 27일). 한국, 내년부터 '다인종 국가'. 한국경제.

김수현. (2023년 4월 16일). 걸음마도 못 뗐는데…"유아 12%, 돌 이전 디지털기기 처음 접해". 연합뉴스.

김은영. (2023년 11월 6일). 주의력 3초·알고리즘 거부… '혼란의 시대' 新소비권력 '잘파세대'가 온다.

나경희. (2022년 11월 1일). 영국인들이 '한글' 덕질하는 이유. 시사IN.

민경원. (2022년 11월 23일). 'K팝 불모지'가 뒤집어졌다…인도 조회수 1000% 폭발 비결은. 중앙일보.

박유진. (2023년 3월 21일). 왜 이런 자막을 썼을까? 영상 번역을 이해하다. 카이스트신문.

백승구. (2022년 10월 31일). 국제 바칼로레아 도입 확산세… "자기 주도적 탐구학습 통한 全人敎育, 성적도 쑥쑥" [조선에듀]. 조선에듀.

백승찬. (2014년 8월 1일). '한국어 속에 숨어있는 영어 단어 이야기' 펴낸 조지은 옥스퍼드대 교수. 경향신문.

변진경. (2021년 11월 18일). 한국에는 '오빠'가 있고 세계에는 'oppa'가 있다. 시사IN.

송길영. (2023). 시대예보: 핵개인의 시대. 교보문고.

송지은 & 조지은. (2019). 언어의 아이들. 사이언스북스.

미래 언어가 온다

송진식. (2023년 11월 6일). 전 세계가 놀란 AI '가짜 바이든', 이대로 괜찮습니까. 경향신문.

신지영. (2020). 학범 박승빈의 언어 개혁 운동: 말로 완성하는 사회의 평등. 한국어학, 89, 27-70, 10.20405/kl.2020.11.89.27.

옥기원. (2023년 2월 21일). 서로 넘볼 수 없다…네이버는 포털로, 카카오는 메신저로 압도. 한겨레.

유석재. (2023년 2월 7일). "한류 트윗 78억건… K컬처는 이제 세계 문화". 조선일보.

이철남. (2023년 10월 13일). 생성 AI의 학습데이터와 도서관의 역할. 문화체육관광부 국립중앙도서관.

임대환. (2023년 11월 9일). 내년초 선보일 갤럭시S24 '통화중 동시 통역'된다. 문화일보.

조지은. (2017년 6월 23일). [삶과 문화] 콩글리시도 우리의 소프트파워다. 한국일보.

조지은. (2023). 한글의 꿈, 세종의 꿈. 한글 새소식 605(1), 4-5.

최윤정. (2021년 10월 17일). "'스킨십' 콩글리시에서 쿨한 말로…보수적인 옥스퍼드도 변화". 연합뉴스.

한국콘텐츠진흥원. (2022). 2022 대한민국 게임백서. 한국콘텐츠진흥원.

YG 새 걸그룹, '블랙핑크' 이름의 뜻은?[YG 새 걸그룹 최종발표③]. (2016년 6월 29일). 조선일보.

"동의없이 가져다 썼다" 창작자들-AI 업체 '소송의 계절' [생성형AI리스크]. (2023년 5월 31일). 헤럴드경제.

[존재의 증명] 빅히트뮤직이 BTS '보라해' 상표 등록을 거절당한 까닭. (2022년 10월 20일). 비즈한국.

[슬기로운언어생활] "실례지만 나이가…?" 처음 만난 상대의 나이, 왜 궁금한걸까?. (2020년 8월 14일).

Addley, E. (2023, Oct 17). Pens away, laptops open - pupils told to type, not write, GCSE exam answers. The Guardian.

AI named word of the year by Collins Dictionary. (2023, Nov 2). BBC.

AI summit: Education will blunt AI risk to jobs, says Rishi Sunak. (2023, Nov 2). BBC.

B¹k, H. (2023). Issues in the translation equivalence of basic emotion terms. Ampersand, 100128.

Banakou, D., Kishore, S., & Slater, M. (2018). Virtually being Einstein results in an improvement in cognitive task performance and a decrease in age bias. Frontiers in psychology, 9, 917.

Barnes-Sadler, S. (2023, Dec 20). 2023 January - June Netflix Engagement with the K-Wave. RPubs.

Barton, S. (2023, June 29). AI tool could speed up dementia diagnosis.

Blanco, C. (2020, Dec 15). 2020 Duolingo Language Report: Global Overview. Duolingo.

Brandtzaeg, P. B., Skjuve, M., & Følstad, A. (2022). My AI friend: How users of a social chatbot understand their human-AI friendship. Human Communication Research, 48(3), 404-429.

Byrne, S., Sledge, H., Franklin, R., Boland, F., Murray, D. M., & Hourihane, J. (2023). Social communication skill attainment in babies born during the COVID-19 pandemic: a birth cohort study.Archives of disease in childhood,108(1), 20-24.

Cowen, A. S., Elfenbein, H. A., Laukka, P., & Keltner, D. (2019). Mapping 24 emotions conveyed by brief human vocalization. American Psychologist, 74(6), 698.

Dimock, M. (2019, Jan 17). Defining generations: Where Millennials end and Generation Z begins. Pew Research Center.

Duffy, C. & Thorne, L. (2023, Sep 17). Teachers say poor mental health, excessive screen time, the biggest problems facing young people. ABC News.

미래 언어가 온다

Foreign Service Institute. (n.d.). Foreign Language Training. U.S. Department of State. Retrieved November 16, 2023.

Gibbons, S. (2018, Jun 19). You And Your Business Have 7 Seconds To Make A First Impression: Here's How To Succeed. Forbes.

Google Pixel's face-altering photo tool sparks AI manipulation debate. (2023, Oct 21). BBC.

Hofmann, M., Jolivel, A., Huss, D. & Ambiaux, C. (2020). International Migration: Drivers, Factors and Megatrends. International Centre for Migration Policy Development.

Kiaer, J. (2020).Pragmatic particles: Findings from Asian languages. Bloomsbury Publishing.

Kiaer, J. (2023). Emoji Speak : Communication and Behaviours on Social Media. Bloomsbury Academic.

Kiaer, J. (2023).The Language of Hallyu: More than Polite. Taylor & Francis.

Layton, D. (2023, Jan 30). ChatGPT — Show me the Data Sources. Medium.

Moshel, M. L., Warburton, W. A., Batchelor, J., Bennett, J. M., & Ko, K. Y. (2023).

Neuropsychological Deficits in Disordered Screen Use Behaviours: A Systematic Review and

Meta-analysis.Neuropsychology Review, 1-32.

Nelson, C. (n.d.). Babies need humans, not screens. Unicef Parenting. Retrieved October 24, 2023.

Neumann, M. M. (2018). Using tablets and apps to enhance emergent literacy skills in young children. Early Childhood Research Quarterly, 42, 239-246.

Office for National Statistics (ONS). (2023, Aug 17). Births by parents' country of birth,

England and Wales: 2022.

Ogilvie, S. (2013). Words of the world : a global history of the Oxford English dictionary. Cambridge University Press.

Oxford University Press. (n.d.). Zoom. In Oxford English Dictionary. Retrieved Nov 14, 2023.

Pew Research Center. (2020, July 28). Parenting Children in the Age of Screens.

Pew Research Center. (2022, April 28). How parents' views of their kids' screen time, social media use changed during COVID-19.

Pew Research Center. (2023). Teens and social media: Key findings.

Pew Research Center surveys. Retrieved June 14, 2023.

Rideout, V., Peebles, A., Mann, S., & Robb, M. B. (2022). Common Sense census: Media use by tweens and teens, 2021. San Francisco, CA: Common Sense.

Salazar, D. (n.d.). Daebak! The OED gets a K-update. Oxford University Press. Retrieved February 26, 2024.

Satake, Y., Yamamoto, S., & Obari, H. (2021). Effects of Virtual Reality Use on Japanese English Learners'Foreign Language Anxiety. In ICERI2021 Proceedings(pp. 1234-1240). IATED.

Standley, N. (2023, Nov 20). Ofsted seen as toxic and schools should self-evaluate, says inquiry. BBC News.

Styleunderpressure. (2016, Jul 20). The K-Beauty Glossary. The Glow Edit.

Thrasher, T. (2022). The Impact of Virtual Reality on L2 French Learners' Language Anxiety and Oral Comprehensibility: An Exploratory Study. CALICO Journal, 39(2), 219-238.

Trafton, A. (2018, Feb 13). Back-and-forth exchanges boost children's brain response to language. MIT News.

Uneeq. (2023, Jul 24). Unpacking Gartner's analysis and predictions on the digital human market.

Why Do Some New Words Last and Others Fade? (2015, Jul 31). atkinsbookshelf.

Wolf, M. (2018, Aug 25). Skim reading is the new normal. The effect on society is profound. The Guardian.

Woods, A. (2013, Mar 1). Quebec language police try to ban 'pasta' from Italian restaurant menu.

World Health Organization. (2019, April 24). To grow up healthy, children need to sit less and play more.

Ziwei, P. (2023, Nov 9). Lauv taps AI and a former K-pop idol to create Korean version of 'Love U Like That'. NME.

'I started the Veganuary movement from my kitchen'. BBC. (2020, Jan 3).

'Most of our friends use AI in schoolwork'. (2023, Oct 31). BBC.

Brain Matters. (2020, Jan 29). Brain Matters documentary | Early Childhood Development [Video]. YouTube.

JOLLY. (2022, Sep 20). I secretly replaced my co-host with AI! [Video]. YouTube.

Sush & Yohan Music. (2021, Nov 4). Butter Bollywood Mashup (Sush & Yohan) – BTS. [Video]. YouTube.

주석

1_ 언어의 경계가 무너진다

1. "한국, 내년부터 '다인종 국가'", 《한국경제》, 2023.10.27.

2. Hofmann, M., Jolivel, A., Huss, D. & Ambiaux, C., "International Migration: Drivers, Factors and Megatrends", International Centre for Migration Policy Development, 2020.

3. Salazar, D., "Daebak! The OED gets a K-update", Oxford University Press, 2024, p.. Retrieved February 26, 2024.

4. "스킨십 콩글리시에서 쿨한 말로… 보수적인 옥스퍼드도 변화", 《연합뉴스》, 2021.10.17.

5. 변진경, 〈한국에는 '오빠'가 있고 세계에는 'oppa'가 있다〉, 《시사IN》, 2021,

6. Woods, A., "Quebec language police try to ban 'pasta' from Italian restaurant menu", 2013, Mar 1.

7. Ogilvie, S., Words of the world: a global history of the Oxford English dictionary, Cambridge University Press, 2013.

8. 송길영, 《시대예보: 핵개인의 시대》, 교보문고, 2023.

2_ 한류의 언어

1. "한류 트윗 78억건… K컬처는 이제 세계 문화", 《조선일보》, 2023.

2. "'한국어 속에 숨어있는 영어 단어 이야기' 펴낸 조지은 옥스퍼드대 교수", 《경향신문》, 2014.

3. "YG 새 걸그룹, '블랙핑크' 이름의 뜻은?" <YG 새 걸그룹 최종발표③>, 《조선일보》, 2016.06.29.

4. Barnes-Sadler, S., "2023 January - June Netflix Engagement with the K-Wave", RPubs, 2023, Vol., Issue.

5. "K팝 불모지가 뒤집어졌다… 인도 조회수 1000% 폭발 비결은", 《중앙일보》, 2022.11.23.

6. Sush & Yohan Music, "Butter Bollywood Mashup(Sush & Yohan) - BTS", YouTube, 2021, Nov 4. [Video].

7. Styleunderpressure, "The K-Beauty Glossary", The Glow Edit, 2016, Jul 20.

8. "삶과 문화", <콩글리시도 우리의 소프트파워다>, 《한국일보》, 2017년, 6월 23일,

9. "영국인들이 '한글' 덕질하는 이유", 《시사IN》, 2022.11.01.

10. "한글의 꿈, 세종의 꿈", 《한글 새소식》, 2023, Vol. 605, Issue 1, pp. 4-5.

11. 국립국어원, "치맥", 우리말샘에서, 검색일: 2024년 2월 26일.

12. 국립국어원, "줌", 국립국어원표준국어대사전에서, 검색일: 2023년 11월 14일.

13. Oxford University Press, "Zoom", In Oxford English Dictionary, Retrieved Nov 14, 2023.

3_ 사유화되는 언어들

1. "생성 AI의 학습데이터와 도서관의 역할", 문화체육관광부 국립중앙도서관, 2023.10.13.

2. Layton, D., "ChatGPT — Show me the Data Sources", Medium, 2023, Jan 30.

3. "동의없이 가져다 썼다" 창작자들-AI 업체 '소송의 계절', 《헤럴드경제》.

4. "[존재의 증명] 빅히트뮤직이 BTS '보라해' 상표 등록을 거절당한 까닭",《비즈한국》, 2022.10.20.

5. "'I started the Veganuary movement from my kitchen'", BBC, 2020, Jan 3.

4_ 멀티 모달 교육

1. Dimock, M., "Defining generations: Where Millennials end and Generation Z begins", Pew Research Center, 2019.

2. Addley, E., "Pens away, laptops open - pupils told to type, not write, GCSE exam answers", The Guardian, 2023.

3. "AI summit: Education will blunt AI risk to jobs, says Rishi Sunak", BBC, 2023.11.02.

4. "국제 바칼로레아 도입 확산세... '자기 주도적 탐구학습 통한 全人敎育, 성적도 쑥쑥'",《조선에듀》, 2022.10.31.

5. Standley, N., "Ofsted seen as toxic and schools should self-evaluate, says inquiry", BBC News, 2023.11.20.

6. "2025년부터 '암기식' 9급 공무원 국어·영어시험 바뀐다",《연합뉴스》, 2023.11.20.

5_ AI와 언어 학습

1. "Most of our friends use AI in schoolwork", BBC, 2023.10.31.

2. "AI named word of the year by Collins Dictionary", BBC, 2023.11.02.

3. Brandtzaeg, P. B., Skjuve, M., & Følstad, A., "My AI friend: How users of a social chatbot understand their human-AI friendship", Human Communication Research, Vol. 48, Issue 3, 2022, 404-429.

4. https://luxai.com/#LearnMore

5. https://socialmindautism.com

6. Barton, S., "AI tool could speed up dementia diagnosis", 2023, June 29.

6_ 미래 세대의 문해력

1. Neumann, M. M., "Using tablets and apps to enhance emergent literacy skills in young children", Early Childhood Research Quarterly, Vol. 42, 2018, 239-246.

2. 송지은 & 조지은, 《언어의 아이들》, 사이언스북스, 2019.

3. Wolf, M., "Skim reading is the new normal. The effect on society is profound", The Guardian, 2018, Aug 25.

4. Rideout, V., Peebles, A., Mann, S., & Robb, M. B., "Common Sense census: Media use by tweens and teens, 2021", San Francisco, CA: Common Sense, 2022.

5. Kiaer, J., "Emoji Speak: Communication and Behaviours on Social Media", Bloomsbury Academic, 2023.

7_ 스크린 너머의 세상으로

1. "서로 넘볼 수 없다… 네이버는 포털로, 카카오는 메신저로 압도", 《한겨레》, 2023.02.21.

2. Blanco, C., "2020 Duolingo Language Report: Global Overview", Duolingo, 2020, Dec 15.

3. Duffy, C. & Thorne, L., "Teachers say poor mental health, excessive screen time, the biggest problems facing young people", ABC News, 2023, Sep 17.

4. Moshel, M. L., Warburton, W. A., Batchelor, J., Bennett, J. M., & Ko, K. Y., "Neuropsychological Deficits in Disordered Screen Use Behaviours: A Systematic Review and Meta-analysis", Neuropsychology Review, 2023.

5. "주의력 3초·알고리즘 거부… '혼란의 시대' 新소비권력 '잘파세대'가 온다", 《ChosunBiz》, 2023.11.06.

6. "왜 이런 자막을 썼을까? 영상 번역을 이해하다", 《카이스트신문》, 2023.03.21.

7. Gibbons, S., "You And Your Business Have 7 Seconds To Make A First Impression: Here's How To Succeed", Forbes, 2018, Jun 19.

8. Acmcopyright, "Proceedings of the 2023 CHI Conference on Human Factors in Computing Systems (CHI '23)", April 23-28, 2023, Hamburg, Germany.

9. Nelson, C., "Babies need humans, not screens", Unicef Parenting, Retrieved October 24, 2023.

10. Brain Matters, "Brain Matters documentary | Early Childhood Development", YouTube, 2020, Jan 29. [Video].

11. World Health Organization, "To grow up healthy, children need to sit less and play more", April 24, 2019.

12. "걸음마도 못 뗐는데… 유아 12%, 돌 이전 디지털기기 처음 접해", 《연합뉴스》, 2023.04.16.

13. Pew Research Center, "Parenting Children in the Age of Screens", July 28, 2020.

14. Pew Research Center, "How parents' views of their kids' screen time, social media use changed during COVID-19", April 28, 2022.

미래 언어가 온다

8_ 새로운 정체성의 시대

1. Satake, Y., Yamamoto, S., & Obari, H., "Effects of Virtual Reality Use on Japanese English Learners' Foreign Language Anxiety", In ICERI2021 Proceedings, 2021, 1234-1240. IATED.

2. Thrasher, T., "The Impact of Virtual Reality on L2 French Learners' Language Anxiety and Oral Comprehensibility: An Exploratory Study", CALICO Journal, Vol.39, Issue 2, 2022, 219-238.

3. Banakou, D., Kishore, S., & Slater, M., "Virtually being Einstein results in an improvement in cognitive task performance and a decrease in age bias", Frontiers in psychology, Vol. 9, 2018, 917.

4. "Google Pixel's face-altering photo tool sparks AI manipulation debate", BBC, 2023.10.21.

5. "전 세계가 놀란 AI '가짜 바이든', 이대로 괜찮습니까", 《경향신문》, 2023.11.06.

6. Ziwei, P., "Lauv taps AI and a former K-pop idol to create Korean version of 'Love U Like That'", NME, 2023, Nov 9.

7. Uneeq, "Unpacking Gartner's analysis and predictions on the digital human market", 2023, Jul 24.

9_ 1퍼센트의 인간다움

1. Kiaer, J., "Pragmatic particles: Findings from Asian languages", Bloomsbury Publishing, 2020.

2. Foreign Service Institute, "Foreign Language Training", U.S. Department of State, Retrieved November 16, 2023

3. 신지영, "학범 박승빈의 언어 개혁 운동: 말로 완성하는 사회의 평등", 《한국어학》, 89, 2020, 27-70, 10.20405/kl.2020.11.89.27

4. Kiaer, J., "The Language of Hallyu: More than Polite", Taylor & Francis, 2023.

5. "[슬기로운언어생활] '실례지만 나이가...?' 처음 만난 상대의 나이, 왜 궁금한걸까?", YTN, 2020.08.14.

6. "내년초 선보일 갤럭시S24 '통화중 동시 통역' 된다", 《문화일보》, 2023.11.09.

에필로그

1. Byrne, S., Sledge, H., Franklin, R., Boland, F., Murray, D. M., & Hourihane, J., "Social communication skill attainment in babies born during the COVID-19 pandemic: a birth cohort study", Archives of disease in childhood, Vol. 108, Issue1, 2023, 20-24.

AI가 인간의 말을 지배하는 특이점의 세상
미래 언어가 온다

초판 1쇄 발행 2024년 7월 15일

지은이 조지은
펴낸이 성의현
펴낸곳 (주)미래의창

편집주간 김성옥
책임편집 한진우

출판 신고 2019년 10월 28일 제2019-000291호
주소 서울시 마포구 잔다리로 62-1 미래의창빌딩(서교동 376-15, 5층)
전화 070-8693-1719 팩스 0507-0301-1585
홈페이지 www.miraebook.co.kr
ISBN 979-11-93638-20-0 (03300)

※ 책값은 뒤표지에 있습니다.